Déborah Rosenkranz

Schwerelos

Über die Autorin

Déborah Rosenkranz tourt seit Jahren als Singer-Songwriterin und Autorin durch verschiedenste Länder der Welt. Sie hat eine Einrichtung für Mädchen mit Essstörungen mitinitiiert und widmet sich hauptsächlich jungen Menschen auf der Suche nach ihrer Identität. 2016 gewann sie den *Emotion Award* für „Soziale Werte" und nutzt ihre Musik, um Menschen Mut und Hoffnung weiterzugeben.

Déborah Rosenkranz

Schwerelos

Mit Leichtigkeit durchs Leben

Inhalt

Vorwort

Hallo Schönheit!

Ich freue mich so sehr, dass gerade DU dieses Büchlein in den Händen hältst! Denn für DICH habe ich es geschrieben und ich freue mich darauf, dir Woche für Woche einen ermutigenden Anstoß mitgeben zu können: *Weil DU so wertvoll bist*!

So oft höre ich die Frage: „Du bist immer so glücklich! Hast du denn gar keine Probleme?" Das lässt mich schmunzeln. Auch wenn ich vielleicht nicht den allergewöhnlichsten Alltag habe, kenne ich Sorgen und Probleme. Auch ich habe ganz normale Bedürfnisse und Launen, wie sie jeder von uns hat.

Also: Ja, auch ich habe Probleme. Und auch bei mir ist nicht immer alles rosarot, wie du auf den folgenden Seiten erfahren wirst.

Und dennoch: Es gibt einen besonderen Schlüssel, um mit Leichtigkeit durch die Woche zu gehen. Ganz egal, wo du dich gerade in deinem Leben befindest. Du kannst heute damit beginnen, dein Leben umzukrempeln. Ich hoffe, dass meine Texte dir dabei helfen werden.

Ganz bewusst öffne ich mich dir mit sehr ehrlichen Geschichten aus meinem Leben, die ich normalerweise nur meinem Tagebuch anvertrauen würde. Teilweise klingen sie sehr verrückt: Ich habe Wunder über Wunder erleben dürfen, *weil ich gelernt habe, dass ich für alles beten kann*!

Ich wünsche mir, dass du dir ganz bewusst einen ruhigen Moment zu Beginn deiner Woche aussuchst, um eine der Andachten zu lesen. *Weil du durchatmen darfst*! Lies den Bibelvers, der jeweils am Anfang eines Kapitels steht, und überlege, wo du das Gelesene in deinem eigenen Leben umsetzen kannst. Zum Schluss jeder Geschichte habe ich ein Gebet formuliert, das es dir leichter machen soll, dein Herz bei Gott auszuschütten. Gerne darfst du deine eigenen Worte anfügen, so, wie es dir gefällt. Mach dir Notizen, schreibe deine Gedanken auf die Seiten und lass dich beschenken, während du liest.

Ich wünsche dir, dass du lernst, so frei und leicht wie ein Schmetterling durch die Woche zu fliegen – *weil du nie alleine bist!*

Deine

1.

Weil du ... nie alleine bist

Sucht die Nähe Gottes,
dann wird er euch nahe sein.
JAKOBUS 4,8

Kennst du das? Du bist auf einer Party, um dich herum tanzen und feiern die Leute ausgelassen. Sie sind glücklich und ihr Leben scheint perfekt zu sein, eine einzige Party.

Und inmitten der Menschenmenge stehst du. Stehe ich. Stehen sie.

Wir sehen uns an und denken: „Die hat es gut, bei der läuft es richtig."

Wir vergleichen uns, beneiden uns und fühlen uns

einsam, trotz des Trubels. Und schlussendlich wünschen wir uns einfach nur, dass wir gesehen und geliebt werden.

Doch was ist, wenn es jedem so geht? Wenn es das große Geheimnis ist, über das keiner spricht? Ich verrate dir etwas: Selbst auf den Tourneen der größten Superstars, die ich begleiten durfte, endeten die Gespräche immer gleich: „Weißt du, ich bin so einsam." Denn was geschieht eigentlich, wenn ein weltbekannter Sänger die Bühne verlässt und die Show beendet ist? Er geht auf sein Hotelzimmer und dann … ist er allein mit sich selbst.

Auch ich erinnere mich an meine eigenen Tourneen, die wundervoll waren. Den spannendsten Menschen durfte ich begegnen. Ich war erfüllt von den Wundern, die ich erlebt habe und freute mich so sehr über jeden, der mir nach solch einem Abend sagte: „Jetzt weiß ich, dass Gott real ist!" Doch wenn ich abends allein ins Hotel kam, überfiel mich die Einsamkeit, denn dort war niemand – außer mir.

Auf Facebook sah das alles glamourös und spannend aus. Viele Leute schrieben mir: „Du hast so ein tolles Leben!" Dabei ahnten sie vermutlich nicht, dass ich einfach nur einsam und traurig war. Bis zu dem Tag, an dem ich mich entschied, mehr und mehr Zeit mit Gott zu verbringen. Ich fing an, durch das Gebet konstant mit Gott in Verbindung zu bleiben. Natürlich habe ich ihm auch mein Leid geklagt und ihm gesagt, wie einsam ich bin.

Und weißt du was? Gott hat mein Herz mit einer Liebe und Zufriedenheit erfüllt, die ich selbst nicht „herstellen" kann. Eine tiefe Ruhe erfüllte mich von da an. Ich spürte tief in mir Gottes Zusage an mich: „Du bist so wertvoll und ich habe dein Leben im Griff. Mach dir keine Sorgen, bleib einfach in meiner Nähe, ich kümmere mich um dich!"

Tatsächlich änderte sich mein Leben kurz darauf Stück für Stück und ich durfte dabei zusehen, wie Gott mir liebevoll all das gab, wonach mein Herz sich sehnte. Ich erkannte im Nachhinein, dass es gut war, wie es gelaufen ist. Auch die Zeiten der Einsamkeit. Denn in diesen bin ich *ihm* nähergekommen. Dem Einzigen, der mein Leben wirklich *vollmachen* kann. Denn weder in einer Beziehung noch durch Erfolg noch auf Partys wirst du das finden, was wirklich glücklich macht. Ich wünsche dir, dass du seine Nähe erlebst. Bei *ihm* wirst du alles finden, wonach du dich sehnst, weil er dich liebt.

Gebet

Jesus, ich möchte mich dir anvertrauen. Bitte bewahre mich davor, in meiner Einsamkeit zu versinken. Hilf mir, stattdessen wirklich DEINE NÄHE zu suchen. Ich möchte dich bitten, jeden meiner Schritte zu führen. Danke, dass du immer bei mir bist.
Amen.

2.

Weil du ...
einen Beschützer hast

Jesus antwortete ihm:
„Das verstehst du jetzt noch nicht,
aber später wirst du es verstehen."
JOHANNES 13,7

B ist du auch so unglaublich ungeduldig? Am liebsten würde ich alles gleich sofort haben und verstehen! Ich bin so neugierig und würde zu gerne wissen, wie mein Leben in zehn, fünfzehn oder zwanzig Jahren aussieht. Und in manchen Situationen frage ich mich auch, warum diese Panne ausgerechnet jetzt passieren muss. Oder warum sich manche Wünsche nicht erfüllen. Aber hast du dich schon einmal gefragt, ob es vielleicht einen Grund gibt, weshalb dir Gott nicht alles sofort gibt oder manches gar nicht erlaubt?

Ich erinnere mich noch ganz genau an ein Erlebnis aus meiner Kindheit, das sich für immer in mein Gedächtnis gebrannt hat. So verstand ich danach schon als junges Mädchen ganz deutlich, dass es oft einen Grund hat, warum Gott auch mal „Nein" zu meinen Plänen sagt.

In der Stadthalle fand ein großes Musical statt, bei dem mein Vater eine bedeutende Rolle spielte. Auch meine Mutter sang im Chor mit und ich wollte die beiden unbedingt auf der Bühne sehen! Doch weil ich ja noch so jung war und man niemanden gefunden hatte, der auf mich aufpassen würde, musste ich zu Hause bleiben. Stinksauer und traurig ging ich an diesem Abend ins Bett. Ich war richtig wütend auf meine Eltern, die mir das verboten hatten. Ich konnte es einfach nicht verstehen, dass sie solch eine Angst um mich hatten. Ich wäre ja nicht weit weg von ihnen gewesen, würde einfach im Saal sitzen und nach der Vorstellung auf sie warten.

Dann der Schock! Am nächsten Morgen erfuhr ich, dass am Abend zuvor in der Stadthalle plötzlich ein Feuer ausgebrochen war und die Menschen panisch aus dem Saal gerannt waren! Mir wurde ganz flau im Magen, als ich das hörte. Wenn ich dort gewesen wäre, wäre ich vermutlich in der Menschenmenge untergegangen. Und keiner hätte sich um mich gekümmert. Wer weiß, was da passiert wäre? Bis heute hat mich dieses Erlebnis aus meiner Kindheit geprägt und oft denke ich daran, wenn Gott mir klar „Nein" zu etwas sagt, das ich doch so gern tun oder haben würde.

Nicht immer ist alles gut für uns, auch wenn wir es uns so sehr wünschen. Wir schmieden Pläne für unser Leben, entscheiden uns für einen Beruf und vielleicht auch einen Partner. Wir haben großartige Ideen für unsere Zukunft, und doch klappt manches trotz aller Bemühungen nicht so, wie wir uns das vorgestellt haben. Natürlich sind wir dann enttäuscht. Aber gerade dann sollten wir uns bewusst machen: Gott lässt nichts zufällig geschehen. Jede Sekunde deines Lebens wurde von ihm voller Liebe geplant. Wenn du ihm also blind vertrauen lernst, wirst du nicht sauer sein, wenn nicht alles nach deinem Kopf geht. Stattdessen kannst du immer daran denken: „Ah, Gott möchte mich gerade vor etwas bewahren. Oder er hat etwas Besseres für mich vorgesehen."

Gebet

Vater, bitte hilf mir, es zu akzeptieren, wenn du „Nein" zu etwas sagst. Denn ich weiß ja, dass du es gut mit mir meinst und möchte lernen, immer bewusst daran zu denken, dass du jeden Tag meines Lebens in Liebe vorbereitet hast und du für mich und nicht gegen mich bist.
Amen.

3.

Weil du ... sein Kind bist

Denn durch den Glauben an Jesus Christus
seid ihr nun alle zu Kindern Gottes geworden.
GALATER 3,26

Ich kenne dich nicht persönlich und weiß nicht, welchen Bezug du zu deinem Vater hast. Mein Vater war für mich immer der große, starke Held. Für ihn war von Anfang an klar gewesen: „Wenn ich für Gott lebe, dann ganz und gar!" Was auch bedeutete, dass er viel unterwegs war, um zu predigen. So erinnere ich mich noch sehr genau daran, dass er in meiner Kindheit oft nicht da war, weil er zusätzlich weiter weg Jobs annehmen musste, von denen wir dann leben konnten. Meist sahen wir Kinder ihn nur am Wochenende und selbst dann war er oft eingespannt. Rückblickend sagt er, dass es nicht die weiseste Entscheidung seines Lebens gewesen ist. Doch mich machte das als Kind immer sehr stolz! Obwohl ich ihn kaum sah, wusste ich dennoch, dass ich sein geliebtes Kind bin. Ich wusste immer, dass es ihn gibt und er an mich denkt, auch wenn er es nicht so zeigen konnte, weil die Distanz zwischen uns lag. Und ich wusste, wenn irgendetwas passieren würde, würde er sofort alles stehen und liegen lassen und auf der Stelle herkommen!

So ist es mit deinem himmlischen Vater. Vielleicht ist dein Vater auf Erden nicht wie meiner. Vielleicht hast du keinen richtigen Draht zu ihm oder fühlst dich nicht ernst genommen. Vielleicht hast du deinen Vater nie kennengelernt oder wünschst dir sogar, du hättest einen anderen. Ich möchte dir heute von Herzen Mut zusprechen: „Wir haben alle den gleichen himmlischen Daddy!" Im Moment siehst du ihn vielleicht nicht und wünschst dir manchmal, mehr von ihm mitzubekommen; ihn mehr zu spüren; zu wissen, dass es ihn gibt. Aber ich kann dir versprechen, dass er dich liebt und sich um dich kümmert, auch wenn du es nicht immer gleich merkst. Und wenn du Sorgen oder Probleme hast, dann wird er dir sofort zu Hilfe eilen!

Eins solltest du nicht vergessen: Dein Vater auf Erden ist auch nur ein Mensch, der Fehler macht, genauso wie du und ich. Und Gott sieht es, wenn du dadurch Verletzungen erlebt hast und kann diese völlig heilen. Komm damit zu ihm und lass deine Wunden von ihm verarzten. Ihm ist *nichts* unmöglich!

Du darfst mit einem Lächeln in diese neue Woche starten. In dem Wissen, dass du einen Vater im Himmel hast, der dich liebt und auf dich aufpasst! Zu dem du immer kommen kannst, ganz egal, wo der Schuh gerade drückt! Er hat immer das passende Medikament für dich – geh einfach zu ihm hin!

Gebet

Ich bin so dankbar, dich meinen Vater nennen zu dürfen. Es fällt mir so schwer, zu verstehen, wie sehr du mich liebst, weil ich manchmal das Gefühl habe, du seist so weit weg. Bitte zeige dich mir in dieser Woche als mein liebender Vater. Ich könnte eine extra Portion an Liebe gebrauchen. Danke, Daddy. Amen.

4.

Weil du ... immer genug hast

Gebt, was ihr habt, dann werdet ihr
so reich beschenkt werden, dass ihr gar
nicht alles aufnehmen könnt.

LUKAS 6,38

Das klingt doch vielversprechend! Hätten wir nicht gern alles im Überfluss? Oder einfach noch ein bisschen mehr? Ich kann ja nur von mir sprechen, aber ich finde immer eine Handtasche oder ein paar Schuhe, die ich ganz dringend noch brauche! Egal, wie viele schon im Schrank stehen! Aber so ist das eben bei mir und das darf ja auch sein. Gleichzeitig liebe ich es, etwas zu geben und andere glücklich zu machen! Das Gefühl, einem Menschen etwas

Gutes zu tun, ist doch einfach wundervoll! Wer tut das nicht gerne?

Doch als ich mit meinem Vater in Afrika war, um dort Nahrungsmittel an Hungernde zu verteilen, hat mich eine Frau sehr, sehr nachdenklich gemacht. Ich hatte genau in der Stadt, in der wir gerade unterwegs waren, vor Jahren eine Patenschaft für ein Kind übernommen. Darauf war ich sehr stolz und überaus überwältigt, als dieses zuckersüße Mädchen das erste Mal direkt vor mir stand und ich sie umarmen durfte! Die afrikanische Frau, die das Ganze beobachtet hatte, kam später auf mich zu und erzählte mir ganz bescheiden, sie hätte ebenfalls eine Patenschaft für ein Kind (in Amerika!) übernommen. Wie jetzt? Ich verstand das nicht. Eine Frau, die mitten im Elend lebt, unterstützt ein anderes Kind in Amerika? Ich konnte nicht anders, als die Frage zu stellen, die mir unter den Nägeln brannte: „Ja, hast *du* denn genug zum Leben?" Lächelnd sah sie mir direkt in die Augen und fragte: „Muss man denn erst genug haben, um helfen zu können?" Dieser Satz ist mir seitdem nie wieder aus dem Kopf gegangen. Was für ein Unterschied, ob der Schrank voll ist und wir aus dem Überfluss geben, oder ob wir dann schon bereit sind zu geben, wenn noch so viele Wünsche und Träume offen sind!

Wie recht diese Frau doch hat! Lass uns lernen zu geben, auch wenn es uns etwas kostet und im ersten Moment wehtut. Diese Woche ist eine neue Möglichkeit, großzügig zu sein. Nicht nur in Form unserer Finanzen, sondern auch großzügig zu sein mit unserer Zeit, unserer Liebe und in jeder Form der Unterstützung, die unser Nächster brauchen könnte. Denn wie heißt es so schön in der Bibel: „Geben macht glücklicher als Nehmen" (Apostelgeschichte 20,35). Und Gott liebt einen freudigen Geber. Das kannst du auch in 2. Korinther 9,7 nochmals nachlesen.

Gebet

Jesus, ich danke dir für all den Überfluss, den ich besitzen darf. Es ist wahr, ich darf mich glücklich schätzen, auf einem Teil der Erde zu leben, in dem meine Bedürfnisse so schnell gestillt werden. Und ich möchte dir dafür Danke sagen, dass es mir so gut geht. Weite du mein Herz, lass mich großzügiger werden und ein Mensch, der von Herzen gerne gibt. Ich weiß, du hast noch so viel für mich vorrätig, dass ich nie leer ausgehen werde. Ich möchte dir in meinem Geben immer ähnlicher werden. Danke, dass ich das diese Woche lernen darf!
Amen.

5.

Weil du ... deine Hoffnung in ihn setzen kannst

Warum nur bin ich so traurig?
Warum ist mein Herz so schwer?
Auf Gott will ich hoffen, denn ich weiß:
ich werde ihm wieder danken.
Er ist mein Gott, er wird mir beistehen!

PSALM 43,5

Wie gehst du mit Frust um? Es können große Probleme sein, aber manchmal sind es auch die kleinen Dinge im Alltag, die uns auf die Palme bringen, zum Beispiel, wenn wir mit einer Freundin verabredet sind und kurzfristig versetzt werden. Ich weiß von mir, dass ich da ganz schön zickig werden kann. Aber weshalb eigentlich? Ich denke, wir fühlen uns oft persönlich angegriffen und verletzt. Darf ich wagen zu sagen: grundlos? Und hat es nicht eventuell sogar mit Stolz zu tun? Wenn ich in so einer Situation bin, tendiere ich dazu, komplett abzublocken, mich zu verschließen und gefrustet zu sein.

Es frustet mich auch, wenn etwas Schlechtes über mich gesagt wurde und ich das mitbekomme. Dann erlaube ich meinen Gedanken ganz schnell, aus Selbstmitleid („ich bin es eben nicht wert") eine falsche Richtung einzuschlagen. Doch wer ist dann der Verlierer? Ganz sicher ich! Denn ich vermiese mir ja selbst die Stimmung.

Besser ist es, sich nicht lange darüber zu ärgern. Versuche stattdessen, mal einen anderen Blickwinkel einzunehmen. Vielleicht hast du durch die Absage deiner Freundin endlich die lang ersehnte halbe Stunde, in der du tief durchatmen kannst, die Natur bewusst wahrnehmen darfst und ein Zwiegespräch mit deinem Schöpfer führen kannst. Gott lässt solche Situationen zu, weil er vielleicht einen Moment mit dir allein sein möchte. Ist das nicht herrlich romantisch? Das muss wahre Liebe sein und seine Art, dir zu zeigen, wie sehr er dich für sich haben will. Und vielleicht hast du ja einen kleinen „Anschubser" gebraucht, der dich daran erinnert, dass dein bester Freund im Himmel lange nichts mehr von dir gehört hat. Schlussendlich ist deine Zeit ja eh in seiner Hand!

Achte diese Woche ganz genau darauf, wie oft du deine Zeit verschwendest mit negativen Gedanken über Dinge, die gerade nicht klappen wollen, Worte, die über dich gesagt wurden, oder Situationen, die anders laufen als geplant. Und dann halte bewusst dagegen. Sieh es als Geschenk an und nutze „den Moment des Frustes" richtig! Lenke dann deine Gedanken bewusst in *seine* Richtung. Denn er wird dein enttäuschtes Herz ganz schnell mit Liebe versorgen und beruhigen. Garantiert! Er ist nur ein Gebet entfernt – und vergiss dein wunderschönes Lächeln dabei nicht!

Gebet

Vater, ich lege dir diese Woche mit allem, was auf mich zukommt, in deine Hände. Hilf mir, mich immer rechtzeitig dafür zu entscheiden, dich zu suchen und schlechten Gedanken keinen Raum zu geben.
Zu vergeben, wenn Dinge schiefgehen, und zu akzeptieren, wenn es auch mal anders läuft.
Denn du weißt, was du tust, und das ist immer gut für mich. Ich danke dir dafür!
Amen.

6.

Weil du ...
einen starken Helfer
hast

Gott ist unsere Zuflucht und Stärke,
ein bewährter Helfer in Zeiten der Not.

PSALM 46,1

Ist es nicht toll zu wissen, dass Gott mit dir durch diese Woche gehen wird? Er wird sich mit dir freuen, wenn du deinen ersten Kaffee am Morgen trinkst und weiß sogar jetzt schon, welchen Herausforderungen du dich stellen musst! Und weißt du was? Du brauchst davor keine Panik zu haben, denn er hält die Lösung schon bereit!

Als ich dieses Büchlein geschrieben habe, ist mir mein

Computer kaputtgegangen. Zugegeben, das war nicht unbedingt ermutigend und motivierend, denn ich stand unter einem ziemlichen Zeitdruck. Wie sollte ich nun ohne Computer weiterarbeiten? Da könnte ich einfach losheulen und anfangen, alles aufzuzählen, was jetzt deswegen schieflaufen wird.

In dieser Situation wusste ich aber, dass ich die Wahl hatte: Ich kann anfangen zu weinen und zu verzweifeln; mich darüber beklagen, dass es ja klar war, dass so etwas geschehen muss. Oder aber ich werde still. Ich werde still und spreche mit Gott darüber. Es fiel mir nicht leicht, doch ich habe mich für die zweite Variante entschieden und Gott meine Sorgen abgegeben.

Nein, mein Computer ist leider nicht sofort wieder angesprungen. Ganz im Gegenteil, er war schwerer beschädigt als ursprünglich gedacht. Doch dann rief ein Freund an und sagte: „Es müsste heute ein Päckchen bei dir ankommen, ich hatte deine Adresse angegeben. Es ist ein Mac drinnen, den ich gerade nicht brauche. Du darfst ihn gern benutzen." Wer bitte schön hätte so etwas besser organisieren können als mein Daddy im Himmel? Halleluja! So konnte ich problemlos weiterschreiben und darauf warten, dass mein Computer repariert wurde. Auch hier erlebte ich Gottes Gnade: Kein einziges Wort von meinem zuvor geschriebenen Text war verloren gegangen, und somit musste ich nur das hinzufügen, was ich auf dem anderen Computer geschrieben hatte. Fertig.

Manchmal laufen die Dinge anders, als wir sie gerne hätten. Doch wenn wir nicht gleich verzweifeln, sondern stattdessen damit zu Gott gehen, bringen uns solche Situationen näher zu ihm und geben uns die Chance, Wunder zu erleben. Sei auch du bereit, richtig zu reagieren, wenn etwas schiefläuft. Denn Wunder sind hinter jedem kleinen und großen Problem versteckt. Auch für dich!

Gebet

Vater, ich danke dir für diese herrliche Woche,
die vor mir liegt! Danke, dass du mit mir aus dem
Haus gehst und auf mich aufpassen wirst.
Egal, was auch geschehen mag, ich möchte darauf
vertrauen, dass du mir zu Hilfe eilen wirst.
Ich möchte es als Chance sehen, dich näher
kennenzulernen und Wunder zu erleben.
Ich bin gespannt auf dein Wirken in meinem Leben.
Amen.

7.

Weil du ... umkehren darfst

Eure Sünden sind blutrot,
und doch sollt ihr schneeweiß werden.
Sie sind so rot wie Purpur, und doch
will ich euch rein waschen wie weiße Wolle.
JESAJA 1,18

So rein sein wie weiße Wolle – da kommt mir doch gleich mein neuer strahlend weißer Blazer in den Sinn. Lange hab ich überlegt, ob ich ihn überhaupt kaufen soll, da er nicht gerade günstig gewesen war. Und doch tat ich es. Ich war so froh, ihn bei einem meiner darauffolgenden Auftritte tragen zu können. Nach der Veranstaltung kam ein junges Mädchen aus der Death-Metal-Szene auf mich zu.

Sie war komplett schwarz gekleidet und genauso dunkel geschminkt. Das junge Mädchen war so berührt und hat gespürt, dass Gott auch ihre kaputte Seele liebt, dass ihre Tränen in Strömen liefen. Sie konnte sich kaum beruhigen und lag sehr bald schluchzend in meinen Armen. Sofort dachte ich: „Oh nein, mein teurer Blazer!" Gleich darauf musste ich innerlich über meine Reaktion lachen. Wie schmutzig war ich selbst doch zu Jesus gekommen, als ich wie dieses Mädchen zerbrochen war und er mir seine Gnade erwies? Tausendmal bin ich in meinem Leben vor ihm davongerannt und immer wieder nahm er die „schmutzige Déborah" in seine liebenden, reinen Arme auf – ohne zu zögern! Gott hat seinen Sohn nicht verschont, er hat ihn für uns am Kreuz bluten lassen. Damit wir einen bedingungslosen Zugang zu einem Leben, reingewaschen von aller Schuld und Sünde, haben und zu Gott zurückkehren können. Jederzeit!

Vielleicht bist du in letzter Zeit eher weit entfernt von einem Leben mit Jesus. Ganz egal, wie du dich gerade fühlst: Dies ist deine persönliche und liebevoll gemeinte Erinnerung daran, dass du jederzeit willkommen bist in seinen Armen. Er lässt dich nicht los, auch wenn du noch so weit vor ihm davonrennst. Und heute darfst du dich – ganz egal, wie schmutzig du dich auch fühlen magst – in seinen Armen ausweinen und zu ihm zurückkehren. So wie mein Blazer in der Reinigung wieder strahlend weiß wurde, darfst du dich auch von Gott reinwaschen lassen. Vergeude keine einzige Sekunde und nimm dieses Geschenk an! Wegrennen lohnt sich nicht – seine Liebe wird dich verfolgen. Darum nimm sie heute an und lass uns gemeinsam beten:

Gebet

Jesus, ich kann es nicht in Worte fassen, weil ich es gar nicht begreifen kann, wie viel du für mich getan hast! Unschuldig und rein, du bist für meinen Dreck ans Kreuz! Damit ich meinem himmlischen Vater ganz nah sein kann. Bitte vergib mir all meine Schuld und wasche du mich rein wie weiße Wolle! Danke, dass du das jetzt tust. Ich gehöre dir.
Amen.

8.

Weil du ...
Gott allein dienen sollst

„Bete allein Gott, deinen Herrn, an und diene nur ihm!"
Da verschwand der Teufel und
die Engel Gottes kamen und sorgten für Jesus.
MATTHÄUS 4,10-11

Ich erinnere mich an einen sehr wohlhabenden Mann, der meinen Manager und mich zu einer großen Party in seiner Villa eingeladen hatte. Die eigentliche Idee dieses Treffens lag darin, dass er mir angeboten hatte, mich musikalisch zu unterstützen und mir Türen in die USA zu öffnen.

Voller Stolz führte er mich durch alle Räume, die von oben bis unten glänzten und glitzerten. Schon allein im Eingangsbereich waren Hunderte von Champagnerflaschen aufgestellt und zur Begrüßung gab es Austern und weitere teure Delikatessen. Als wir auf der Terrasse standen, war ich überwältigt von dem unglaublichen Ausblick! Man konnte von dort aus praktisch ganz Zürich sehen und vor uns lag der wunderschöne Zürichsee, in dem sich der Mond widerspiegelte.

Plötzlich drehte sich der Mann um und sagte zu mir: „Déborah, all das, was du vor dir siehst, könnte dir gehören. Du musst nur meine Frau werden." Und er meinte seine Worte sehr ernst! Im ersten Moment wusste ich nicht, ob ich lachen oder weinen sollte. Die Situation war einfach zu skurril! Ich stelle mir vor, dass es Jesus ganz ähnlich ging, als er mitten in der Wüste auf einem hohen Berg stand und der Teufel versuchte, ihn zu verführen. Dieser sagte ebenfalls: „Das alles gebe ich dir, wenn du vor mir niederkniest und mich anbetest" (aus Matthäus 4,9).

Doch ich liebe es einfach, wie Jesus dann souverän und treu antwortete, dass er nie jemand anderem als Gott allein dienen würde. Und wie es dann weiter heißt: „… und die Engel Gottes kamen und sorgten für Jesus" (Matthäus 4,11).

Wir müssen keine Angst haben, vermeintlich „großartige Chancen" zu verpassen. Auch wenn sie noch so glitzern und uns verführerisch anlächeln. Gott lässt uns die freie Wahl. Wenn wir uns für ihn entscheiden – und dabei im ersten Moment sogar auf Großes verzichten müssen –, wird er uns immer mit Freuden seine Engel mit auf den Weg schicken. Damit sie für uns sorgen und uns noch viel größere Türen öffnen, als es ein Mensch je tun könnte.

Gebet

Jesus, ich danke dir, dass du mir die Weisheit schenkst, Gutes von Schlechtem zu unterscheiden. Damit ich nicht in die falsche Richtung renne, weil ich mich verblenden lasse, sondern immer nur an deiner Seite bleibe und dir diene. Du wirst mich nie fallen lassen und mir die Kraft schenken, die ich in solchen Momenten brauche. Danke dafür.
Amen.

9.

Weil du ... deine Gedanken im Griff haben kannst

Was ich dir jetzt rate, ist wichtiger als alles andere:
Achte auf deine Gedanken und Gefühle,
denn sie beeinflussen dein ganzes Leben!
SPRÜCHE 4,23

Mein letzter Urlaubstag. Gerade war ich dabei, meine Haare zu kämmen, als ich mein neues T-Shirt aus einem ganz besonders feinen Material im Spiegel an mir betrachtete. „Gar nicht schlecht", dachte ich noch. Im selben Moment kam ich mit meiner Haarbürste an eine Naht und riss mir das T-Shirt kaputt.

„Na, ganz toll!" Meine Gedanken überschlugen sich: „War ja klar. Der Tag ist gelaufen. Sicher passiert mir heute noch viel mehr so blödes Zeugs." Und tatsächlich, während ich mich schminkte, verrutschte ich und mein Mascara landete im Auge statt auf den Wimpern. Somit war das komplette Make-up ruiniert. „Ich will zurück ins Bett. Das wird heute nichts mehr!"

Kennst du solche Tage auch? Es ist ganz normal, dann gleich das Schlimmste zu denken. Doch wenn du dir bewusst wirst, dass solche blöden Situationen einfach zum Leben dazugehören, dann bist du in diesen Momenten bereit, anders zu reagieren. Ja, ich habe dir von meiner ersten Reaktion erzählt. Doch dann hab ich mich daran erinnert und erst einmal kräftig gelacht: „Echt jetzt, Déborah? Du bist am Meer und ärgerst dich über ein kaputtes T-Shirt, das dazu noch supergünstig war? Glaubst du wirklich, dieser wunderschöne sonnige Tag ist ruiniert, weil deine Schminke im Auge hängt? Also, bitte?!"

Die kleinen Missgeschicke im Leben gehören dazu und sind sogar ein Grund, mal wieder kräftig zu lachen. Konzentriere dich lieber auf das, worum es wirklich geht. Und das hat weder mit einem kaputten T-Shirt noch Make-up zu tun. Du bist lebendig, darfst aufstehen und ein Frühstück genießen. Viele andere Menschen haben das nicht. Zähle mal ganz bewusst auf, wofür du alles dankbar sein kannst und woran du im Moment gerade Freude hast. Auch wenn es noch so kleine Dinge sind. Denn auch diese positiven Gedanken werden ganz schnell wieder ein großes Lächeln in dein wunderschönes Gesicht malen.

Achte auf deine Gedanken – du kannst lernen, sie zu steuern. Und du wirst sehen, wie viele Elefanten wieder zu Mücken werden.

Gebet

Jesus, ich danke dir für all die wundervollen Dinge, die ich besitzen darf. Danke für meine Familie, meine Freunde und ein leckeres Frühstück nach einer Nacht in einem warmen Bett. Du versorgst mich so reichlich mit allem, was ich brauche. Ich möchte mich nicht von Kleinigkeiten ablenken lassen, sondern auf das sehen, was in meinem Leben alles so wunderbar ist. Hilf mir, meine Gedanken im Griff zu haben.

Amen.

10.

Weil du ...
behütet wirst

Der Herr ist mein Hirte.
PSALM 23,1

Meine Oma liebte ich über alles. Und ich bewunderte sie so sehr wegen ihres starken Glaubens, der unerschütterlich war. Sie liebte Gott von ganzem Herzen und nie kam ein böses Wort über ihre Lippen. Immer war sie für andere da. Selbstlos half sie, wo sie nur konnte. Doch leider musste auch sie von uns gehen. Da stand ich als kleines Mädchen vor ihrem Grabstein mit der Inschrift aus Psalm 23: „Der Herr ist mein Hirte!" Als ich das las, fragte ich mich, welche Bedeutung dieser Vers für sie persönlich hatte. Was war *überhaupt* die Bedeutung?

Jahre später machte ich meine eigene Erfahrung mit genau diesem Vers. Ich hatte einen Termin beim Hautarzt vor mir. Kurz bevor ich meine Wohnung verließ, setzte ich mich nochmals hin, um in Gottes Wort zu lesen. Zu sagen, dass ich Panik gehabt hätte, wäre vielleicht übertrieben. Aber ich gehe überhaupt nicht gerne zum Hautarzt. Und dennoch weiß ich, dass es sinnvoll ist, sich regelmäßig durchchecken zu lassen. Doch natürlich habe auch ich Angst vor diesem kleinen Satz: „Oh, dieses Muttermal sieht aber nicht gut aus. Wir müssen uns das näher anschauen." So nahm ich mein Andachtsbuch in die Hand und schlug es auf. Mein Blick fiel auf den Vers für den heutigen Tag: „Der Herr ist mein Hirte." Enttäuschung. Den kennt ja wirklich jeder. Gefühlte tausend Mal hatte ich diesen Satz schon gehört oder gelesen. Ich hatte eine fette Ermutigung erwartet. Kennst du das? Aber dann sagte eine leise Stimme in mir: „Déborah, sieh genau hin. Verstehst du, was das bedeutet? ICH, dein Herr, bin dein Hirte. Ein Hirte lässt seine geliebten Schafe nie, nie, nie alleine. Egal, wo sie hingehen, auch wenn es ein Arztbesuch ist. Ich weiche nie von deiner Seite. Selbst wenn ein negatives Ergebnis dabei rauskommen sollte, so bleibe ich bei dir. Kein Tag vergeht, ohne dass ich ihn nicht geplant hätte und gewusst hätte, was vor dir liegt. Und ich gehe mit dir durch *alles*! Sei dir meiner Gegenwart bewusst. Ich liebe dich." Wow!

Es stimmt! Ganz egal, wo du diese Woche hingehst. Ob zur Arbeit, zur Schule oder Uni, vielleicht auch zu einem Arzttermin, oder gar zur Chemotherapie: Gott ist bei dir und er achtet auf sein geliebtes Schäflein.

Gebet

Jesus, ich danke dir, dass du jede Sekunde meines Lebens jetzt schon kennst. Dass du dich entschieden hast, nie von meiner Seite zu weichen. Was für eine große Liebe, ich kann sie gar nicht begreifen. Ich danke dir, dass du mich nie verlässt! Hilf mir, diese Woche ganz bewusst und furchtlos zu leben – im Vertrauen darauf, dass du jeden meiner Schritte begleitest.

Amen.

11.

Weil du ...
alle Zeit der Welt hast

Was die Zeit auch bringen mag,
es liegt in deiner Hand.
PSALM 31,16

Manchmal fällt es mir gar nicht so leicht, Zeit mit Gott zu verbringen – vor allem, wenn ich in meinem Alltagsstress untergehe. Beim Schreiben dieses Buches fiel mir das besonders auf. Die Deadline bis zur Abgabe rückte immer näher und ständig kamen mir dringende Sachen dazwischen, die ich zuerst noch erledigen musste: Rechnungen, die bezahlt werden wollten, die Steuererklärung, die auf mich wartete, eine Predigt, die ich noch vorbereiten musste, die nächste Single, die ich „schnell" im Studio einsingen sollte, Fotoshootings und so weiter. Und als ich endlich dazu kam, das Buch in Ruhe schreiben zu können, wurde ich so krank, dass ich kaum noch einen klaren Gedanken fassen konnte. Kennst du das, wenn du vor lauter Stress nicht mehr weißt, wo oben und unten ist? Wenn du keine Ahnung hast, wie du das alles schaffen sollst? Und dann womöglich noch einiges richtig schiefläuft? Und dann noch Gottes Nähe suchen? *Na, danke schön!* Wie soll das denn gehen?

Doch in der Bibel steht dieser wundervolle Vers: „Was die Zeit auch bringen mag, es liegt in deiner Hand." Gott hat die Zeit völlig im Griff. Was für ein beruhigender Gedanke inmitten des Chaos, nicht wahr? Du musst gar nicht mehr tun, als dir möglich ist! Und Gott sieht doch deinen vollen Kalender und wie es dir geht. Ihm musst du nichts beweisen. Du darfst also auch laut schreien und sagen: „Herr, hilf!" Das tat ich – und er reagierte mit einer spontanen Einladung nach Milano für zwei Tage. „Na ja, nicht gerade das Passendste …", denkst du vielleicht. Mein erster Gedanke war auch: „Das jetzt auch noch? Klingt ja toll, aber geht gar nicht!" Und dennoch wusste ich, dass ich das tun sollte. Und weißt du, was dann geschah? Die Autofahrt dorthin war so überwältigend schön – diese Natur, die Berge, die Täler und das leckere Essen! Diese Ruhe und die Entspannung taten mir so unglaublich gut. Und plötzlich hatte ich wieder hundert neue Ideen für das Buch! Ich kam nach Hause und konnte freudig drauflostippen. Großartig!

Das passiert, wenn du Gott Platz in deinem Leben freiräumst, seine Nähe suchst und anfängst, ihm zu vertrauen. Denn er weiß jetzt schon, was in dieser Woche auf dich zukommt. Und er weiß auch, dass du hier und da Hilfe oder sogar eine kleine Auszeit brauchst. All das möchte er dir so gerne geben – lass es ihn einfach wissen! Schenk ihm ein bisschen deiner Zeit, um ihm zu zeigen, dass du ihn brauchst.

Gebet

Vater, ich danke dir, dass ich es mit nichts alleine aufnehmen muss. Du kennst mich und die Woche, die vor mir liegt. Hilf mir zu vertrauen, dass du meine Zeit besser im Griff hast als ich und dass du mich nicht fallen lassen wirst, wenn ich das Gefühl habe, es alleine nicht zu schaffen. Danke, dass du immer für mich da bist!
Amen.

12.

Weil du ...
erst ihn fragen darfst

Rufe zu mir, dann will ich dir antworten und
dir große und geheimnisvolle Dinge zeigen,
von denen du nichts weißt!
JEREMIA 33,3

Eigentlich hab ich's ja schon immer gewusst!" Kommt
dir das bekannt vor? Du möchtest etwas unbedingt
und lässt dich von diesem Wunsch nicht mehr abbringen,
obwohl Freunde und Familie an deinem Vorhaben zweifeln? Erst wenn dann die Bombe geplatzt ist, du mit deiner Überzeugung komplett gegen die Wand gefahren bist
und gemerkt hast, dass das ein großer Fehler war, denkst du:
„Eigentlich hab ich's ja schon immer gewusst!"

Ich habe mich schon oft in dieser Situation wiedergefunden. Als ich zum ersten Mal einen Manager hatte, spürte ich von Anfang an, dass er mir nicht guttun würde. Er beschwerte sich über mein Aussehen und fand mich zu dick. Er kommandierte mich herum und ich hatte das Gefühl, überhaupt keine Freiheiten mehr zu haben. Gleichzeitig glaubte ich, dass dies der einzige Weg für mich sei, um mit meiner Musik erfolgreich zu werden. Doch ich hatte irgendwie immer ein komisches Bauchgefühl bei ihm.

Bis eines Tages eben die Bombe platzte und ich herausfand, dass sehr viel Lug und Trug in diesem Menschen steckte und er mich von vorne bis hinten belogen hatte, um mich finanziell auszubeuten. Mein erster Gedanke war: „Ich hab es schon immer gewusst!" Und dann erinnerte ich mich, wie alle um mich herum mich vor ihm gewarnt hatten. Mir wurde klar, dass wir von nun an getrennte Wege gehen würden.

Woher kam dieses Bauchgefühl die ganze Zeit? Ich kann es dir ganz genau sagen: Es ist Gottes leises Flüstern gewesen. Ich hatte mir keine Zeit mehr genommen, um hinzuhören, was *er* eigentlich zu dem Ganzen zu sagen hatte. Tatsächlich glaubte ich, keine Zeit dafür zu haben, um mal bei ihm anzuklopfen, und nachzufragen, was er so denkt. Alles musste schnell gehen und ich hätte ja was verpassen können … Doch jetzt war der Schaden viel größer! Hätte ich bloß seine

Nähe gesucht und in der Stille hingehört, was er eigentlich zu alldem sagt. Ich hätte mir sehr viel Ärger erspart.

Höre diese Woche genau hin! Nimm dir Zeit mit deinem liebenden Vater, der es immer gut mit dir meint. Er wird dir Dinge in dein Ohr flüstern, die du nur hören kannst, wenn du wirklich Zeit mit ihm verbringst. Lass dich von ihm überraschen! Denn er ist ein guter Daddy, der nur das Beste für dich will! Er kann dir Türen öffnen, die nicht einmal ein Manager aufbekommt. Lass ihn dein Leben managen und du wirst sehen, wie erfolgreich du mit ihm sein wirst!

Gebet

Jesus, du bist so gut zu mir. Wo Menschen mich enttäuschen, da baust du mich wieder auf. Ich möchte dir wirklich mein ganzes Leben anvertrauen, nichts vor dir verstecken. Und ich möchte auch mehr und mehr in deiner Gegenwart leben und immer zuerst bei dir nachfragen, ob der Weg, den ich gehe, gut für mich ist. Manage du mein Leben, denn nur bei dir bin und bleib ich sicher.
Amen.

13.

Weil du ...
mit seinem Eingreifen
rechnen kannst

Ich kann satt sein und hungern;
ich kann Mangel leiden und Überfluss haben.
Alles kann ich durch Christus,
der mir Kraft und Stärke gibt.

PHILIPPER 4,12–13

Ich bin total beeindruckt von diesem Vers. Oft liest man nur den zweiten Satz und denkt sich: „Wahrscheinlich ist damit einfach gemeint, dass Gott mir Kraft gibt, wenn ich schwach bin." Aber es steckt so viel mehr dahinter! Paulus war es gewohnt, mal zu hungern und mal genug zu essen zu haben. Doch er sagte nie: „Gott straft mich!", oder fragte: „Wieso lässt Gott das zu?" Für ihn war ganz klar: „Hey, es spielt keine Rolle, ob ihr mir Geld geben könnt oder nicht. Gott wird mir schon da durchhelfen. Er gibt mir die Kraft dazu, das zu ertragen."

Ich habe das in meinem eigenen Leben erfahren. Gerade war ich in Australien angekommen, hatte mich so richtig eingelebt und mein Studium fing an mir zu gefallen, als ich einen schlimmen Anruf erhielt. Meine Bank! Ich hatte mein Handy einer Freundin geliehen, die damit Anrufe für unglaublich große Summen getätigt hatte und dann abgehauen war …

Das bedeutete, dass die Rechnung an mir hängen bleiben würde. Ich hatte finanziell sowieso schon schwer zu kämpfen und kannte es sogar, hungrig zu sein und nichts kaufen zu können, bis ich wieder arbeiten würde. Wie oft bin ich morgens früher zur Arbeit gegangen, in dieses kleine Restaurant, in dem ich arbeitete. Ich hoffte einfach, von meinem Chef ein Frühstück zu bekommen. Und jetzt das noch! Das hatte mir gerade noch gefehlt! Ich sah mich schon meine Koffer packen und mein Auslandsabenteuer beenden, bevor es richtig angefangen hatte. Goodbye Australia!

Mit knurrendem Magen und voller Traurigkeit und Wut über meine Situation schrie ich zu Gott. Ich war zwar erschöpft, aber ich wollte nicht aufgeben. Und dann geschah das Wunder: Eine junge Frau sprach mich mitten auf der Straße an und sagte: „Ich kenne dich. Du singst sonntags in diesem Chor in der Kirche mit und dein Lächeln berührt mich immer. Ich möchte dir gerne eintausend Dollar schenken." Einfach so. Aus dem Nichts heraus! Ein paar Tage später sprach mich eine Freundin an und sagte: „Ich möchte gern in den nächsten vier Monaten die Miete für dich übernehmen." Und noch ein paar Tage später landete ein Brief aus der Schweiz in meinem Briefkasten mit einem weiteren hohen Geldbetrag. Ich konnte die Zeit in Australien fertig studieren, wie geplant! Es war nicht immer leicht und ich musste noch ein paar Male zu Gott schreien. An einem Tag hatte ich zu viel, am nächsten zu wenig. Doch er ließ mich nie hängen und gab mir immer die Kraft, diese Zeit zu überstehen und zu genießen! Jeden Tag aufs Neue!

Rechne auch du diese Woche mit seinem Eingreifen, auch wenn du im Moment am wenigsten damit rechnest. Er hat gerade keine Pause eingelegt, sondern ist ständig damit beschäftigt, sich Gedanken um dich zu machen. Du bist sein geliebtes Kind!

Gebet

Danke Jesus, dass du auch in Phasen zu mir stehst, in denen ich nicht so genau weiß, wie es weitergehen soll. Danke, dass du auch zu mir stehst, wenn meine Welt

zu zerbrechen droht. Du bist ein wundervoller Vater,
dessen Augen nie von mir weichen. Ich liebe dich.
Amen.

14.

Weil du ...
den Tag mit ihm
beginnen darfst

Sorgt euch vor allem um Gottes neue Welt,
und lebt nach Gottes Willen!
Dann wird er euch mit allem anderen versorgen.
MATTHÄUS 6,33

Wenn ich gerade nicht auf Tour bin, dann habe ich meine ganz normale morgendliche Routine. Mein Wecker klingelt, ich hüpfe aus dem Bett und steige direkt auf mein Laufband, das die Müdigkeit vertreibt und mich fit hält. Nachdem ich geduscht habe, mache ich mir einen Kaffee und setze mich anschließend auf meinen Lieblingsplatz auf der Couch, um frisch und wach in meiner Bibel zu lesen und zu beten.

Wahrscheinlich denkst du jetzt, ich sei die Disziplin in Person. Das stimmt aber so nicht. Ich musste mir diese Routine auch erst „antrainieren". Tatsächlich erlebe ich oft, dass der Mensch tief im Inneren immer noch von einem bestimmten Gedanken geprägt ist: „Wenn ich das nicht tue, dann wird Gott heute enttäuscht von mir sein." Dabei ist das komplett falsch! Natürlich sehnt sich Gott nach dir. Nach diesen wenigen Minuten, in denen er von dir persönlich hören kann. In denen er dir wieder bewusst machen kann, dass er immer bei dir ist und er sich um all deine Belange kümmern wird. Die Frage ist einfach: Lassen wir den Tag *uns* überfallen, oder überfallen *wir* den Tag mit der Power, die Gott uns gibt, wenn wir in seinem Wort lesen?

Auch ich muss mich immer wieder dafür entscheiden, und das ist manchmal gar nicht so einfach. Denn du kannst dir sicher sein, sobald ich meine „Stille Zeit" beginne, klingelt der Postbote an der Tür; sehe ich, dass eine super dringende Email eingegangen ist, oder WhatsApp blinkt mit 14 Nachrichten im Eingang auf. Dann sollte ich doch dringend die Wäsche sortieren und ich muss noch eine wichtige Entscheidung treffen, die nicht auf sich warten lässt. Stopp! Wer kennt uns durch und durch? Wer will unser Bestes? Wer liebt uns wie kein anderer und wird uns die richtigen

Antworten geben? Genau – Jesus! Und deswegen ist es wichtig, dass du den Tag mit ihm beginnst und dir bei ihm erst einmal alles von der Seele redest, bevor du in den Tag startest. Du wirst sehen, wie große Probleme schnell ziemlich klein werden, wenn dein himmlischer Daddy ganz unerwartet eingreift. Das sind die Erfahrungen, die ich immer wieder machen darf. Entscheide dich zuallererst für IHN – und er wird dir zeigen, dass er ein echter Vater ist, der sich um sein Kind kümmert!

Gebet

Jesus, ich möchte ganz bewusst dich in allem an die erste Stelle setzen und meine Tage mit dir beginnen. Du bist ein Vater, der liebt und das Beste für sein Kind will – nichts entgeht dir. Lass uns gemeinsam den Tag angehen und diese Woche meistern! Ich danke dir, dass du immer bei mir bist!
Amen.

15.

Weil du ... einfach abtauchen kannst

Du hast Gewalt über die Meere,
und wenn sich die Wellen auftürmen
wie gewaltige Mauern, bändigst du sie!

PSALM 89,10

Gerade war ich das erste Mal in diesem wunderschönen Land, in Brasilien, gelandet! Gemeinsam mit einem Team wollten wir für ein Charity-Projekt mit Kindern musizieren. Doch die ersten zwei Tage durften wir noch am Meer entspannen. So stand ich an diesem meilenweiten Strand und kam aus dem Staunen nicht mehr heraus. Was war das doch für ein unglaubliches Bild, das sich mir bot! Dieser Himmel und das laute Rauschen des Meeres. Kein Wunder, bei diesen enormen Wellen! Natürlich sprang ich sofort ins Wasser. Zugegeben, ich hatte schon etwas Angst. Eine hohe Welle folgte der nächsten. Für die Surfer ein Traum! Ich fühlte mich allerdings nicht ganz so sicher, denn ein Jahr zuvor war ich in Australien in einer ähnlichen Situation fast ertrunken und das saß mir nach wie vor im Nacken.

So überlegte ich diesmal, bevor ich ins Wasser ging, was ich besser machen könnte und kam zu dem Schluss, dass es das Beste sein würde, tief *unter* die Welle zu tauchen. Um drüber zu springen waren diese Wellen definitiv zu hoch! Und so wagte ich einen ersten Sprung unter die nächste Welle. Noch während ich tief nach unten tauchte, überkamen mich Zweifel. Ich wollte nun doch wieder nach oben. Doch mein Bein war schneller als der Rest meines Körpers. Es erreichte die Oberfläche und wurde sofort von einer Welle ergriffen, sodass ich unter Wasser mehrere Loopings vollbrachte. Keuchend und mit einem Puls auf 180 kam ich wieder an Land. Was war geschehen? Meine Zweifel waren schuld daran. Die Zweifel, die wir in unserem Glaubensleben doch so oft mit uns herumtragen. Was, wenn das doch nicht alles so stimmt? Was, wenn Gott mich jetzt nicht mehr liebt? Was, wenn Gott nur den anderen vergibt und mir nicht? Dann wird es Zeit für einen zweiten Versuch. Hör mal gut zu:

Ich sprang ein zweites Mal unter eine Welle. Diesmal war ich fest entschlossen, mich nicht aus der Ruhe bringen zu lassen und unter der Welle zu bleiben. Zu vertrauen, dass ich dort sicher sein würde. Über mir brauste die Welle auf, alles wurde umhergeschleudert. Und ich? Ich war überwältigt von der Ruhe und dem Frieden, den ich unter der Welle erlebte. Hier in der Tiefe bekam ich nichts von dieser Unruhe über mir mit. Ich konnte entspannt die Schönheit des Meeres genießen.

So ist es, wenn wir Gott *ganz* vertrauen. Ohne zu zweifeln. Dann dürfen wir diesen einzigartigen Frieden in unserem Leben erfahren, den er für diejenigen bereithält, die ihm ihr Leben völlig, hundertprozentig anvertrauen. Machst du mit?

Gebet

Jesus, ich möchte dir mein Leben gern
hundertprozentig anvertrauen. Ich möchte den Schritt
wagen und alle Zweifel hinter mir lassen, damit ich
diesen göttlichen Frieden in meinem Leben erfahren
darf. Weil ich weiß, dass es ihn bei dir gibt. Danke,
dass du ihn mir in dieser Woche geben möchtest, auch
wenn die Wellen über mir noch so aufbrausen wollen.
Bei dir bin ich immer sicher.
Amen.

16.

Weil du ...
verliebt sein darfst

Denn ich bin mir ganz sicher: Weder Tod noch Leben,
weder Engel noch Dämonen, weder Gegenwärtiges
noch Zukünftiges, noch irgendwelche Gewalten,
weder Hohes noch Tiefes oder sonst irgendetwas
können uns von der Liebe Gottes trennen,
die er uns in Jesus Christus, unserem Herrn, schenkt.

RÖMER 8,38–39

Wer sehnt sich nicht danach, nach diesem Gefühl des frischen Verliebtseins? Man möchte möglichst jede freie Sekunde zusammen verbringen und wenn das nicht möglich ist, schickt man sich Hunderte Nachrichten mit vielen Herzchen und „Ich liebe dich" hin und her. Die Arbeit bleibt liegen und man rennt kopflos durch die Gegend, weil man in Gedanken nur noch bei *ihm* ist. Voller Sehnsucht möchte man am liebsten den ganzen Tag flüstern: „Ich liebe dich und ich werde immer bei dir bleiben!"

Doch das Verliebtsein kann sehr schnell verschwinden, wenn der Alltag einkehrt und die ersten Wolken sich am Liebeshimmel breitmachen. Die rosarote Brille verschwindet. Vielleicht nimmt auch die Angst zu, dass man vom geliebten Partner verlassen wird oder die Liebe aufhört.

Jetzt stell dir einmal vor, es gäbe die Möglichkeit, bedingungslos und ewig geliebt zu werden. Ohne dass du befürchten musst, es würde irgendwann enden. Eine Liebe, von der du weißt, dass sie niemals weniger und dich auch nie enttäuschen wird. Kein Mensch auf Erden wird das je erfüllen können, so viel ist klar. Aber Gott kann das! Er hat seine unglaubliche Liebe zu dir bewiesen, indem er zugelassen hat, dass sein einziger, geliebter Sohn ans Kreuz genagelt wurde. All das ist geschehen, damit du eine gute Beziehung mit ihm anfangen und diese besondere Liebe persönlich erleben kannst. Und er sehnt sich wie wir auch danach, von dir ganz aufgeregt „Ich liebe dich!" zu hören und konstant mit dir in Verbindung zu sein. Die Beziehung zu Gott ist ein Geben und Nehmen, wie in jeder anderen menschlichen Beziehung auch. Er freut sich, wenn er sieht, dass du immer an ihn denkst. Gleichzeitig möchte er dich reich beschenken, nicht nur mit seiner Liebe, sondern auch mit seiner Gegenwart und alldem, wonach dein Herz sich sehnt.

Denn das tut unser liebender Vater genauso gern wie ein verliebter Partner: uns beschenken. Denke diese Woche ganz bewusst daran, dass es jemanden gibt, der dich bedingungslos und endlos liebt. Jemand, der total aufgeregt ist, wenn er an dich denkt, weil er dich einfach so wunderschön und einmalig findet. Jemand, der nur allzu gerne Zeit mit dir verbringt! Versuche mal – genauso, wie wenn du frisch verliebt bist –, dir diese Zeit für ihn und mit ihm einzuräumen.

Gebet

Jesus, es ist wahr! Wenn ich verliebt bin, finde ich plötzlich so viel Zeit und möchte immer bei meinem Schatz sein. Bitte entfache diese Liebe in mir, dass ich sie genauso – nein, noch viel stärker für dich empfinde. Sei du meine erste Liebe. Denn ich weiß, dass deine Liebe mich nie, nie enttäuschen wird. Und ja, ich meine es von Herzen, wenn ich sage:
„Ich liebe dich.“
Amen.

17.

Weil du ...
seinen Frieden erleben
kannst

An diesem Sonntagabend hatten sich alle Jünger
versammelt. Aus Angst vor den Juden ließen sie die
Türen fest verschlossen. Plötzlich war Jesus bei ihnen.
Er trat in ihre Mitte und grüßte sie: „Friede sei mit euch!"
JOHANNES 20,19

Wovor hast du Angst? Was ist dieses eine Problem
oder sogar mehrere Sachen, die nicht zulassen, dass
du dein Leben in Frieden und mit Freude leben kannst? Die
Momente, in denen du dir am liebsten die Decke über den
Kopf ziehen würdest und nie wieder aufstehen möchtest?

Die Augenblicke, in denen du denkst, dass dich keiner sieht und du kauernd am Boden liegst und bitterlich weinst? Das muss dir nicht peinlich sein, denn jeder, auch ich, kennt das.

Ich habe Zeiten, in denen auch mir alles zu viel wird. In meinem Fall hat das oft mit Erwartungen zu tun. Mir schreiben so viele Leute, die in Not sind und denen ich gern allen antworten würde. Aber das ist nicht möglich, denn auch ich muss meiner Arbeit nachgehen. Ich bin ständig unterwegs, und trotzdem muss der Haushalt gemacht und müssen Rechnungen bezahlt werden. Und dann gibt es ja noch die Déborah, die gerne einfach mal auf der Couch liegt und gar nichts tut. Gerade dann, wenn all das auf einmal auf mich einprasselt, habe auch ich Momente, in denen ich die Tür zuknalle, den Computer runterfahre und am liebsten losheulen würde.

Dann ist es wichtig, sich daran zu erinnern, dass *er* da ist! Das muss man sich mal bildlich vorstellen: Sogar die Jünger hatten Angst und haben sich eingeschlossen! Aber trotz verschlossener Türen hat Jesus einen Weg zu ihnen gefunden. Es heißt: „Plötzlich war er da!" Und nicht nur das, er grüßte sie: „Friede sei mit euch!"

Jesus spricht Frieden in deine vielleicht sorgenvolle Woche. Er wird da sein, wenn die Angst über dich kommt. Selbst vor den verschlossenen Türen in deinem Leben macht er nicht halt. Weil er dich liebt.

Gebet

Jesus, ich danke dir so sehr, dass du vor meinen Ängsten und Sorgen nicht wegrennst. Danke, dass du immer einen Weg zu mir findest, auch wenn ich menschlich gesehen alles versperre und nicht mehr weiterkomme. Einfach, weil du mich liebst und mich nie alleine lassen würdest. Hilf mir, das zu begreifen und dir alles anzuvertrauen, was mir die Freude in dieser Woche nehmen könnte.

Amen.

18.

Weil du ...
durchatmen darfst

Aber er hat zu mir gesagt: „Meine Gnade ist alles,
was du brauchst! Denn gerade wenn du schwach bist,
wirkt meine Kraft ganz besonders an dir."
2. KORINTHER 12,9

Mein Leben sieht von außen betrachtet unglaublich spannend und glamourös aus. So als hätte ich alles, was ich mir je gewünscht habe und noch viel mehr. Doch meine engsten Freunde und meine Familie wissen, welchen Kummer, welche Sorgen, aber auch welche Träume ich noch in mir trage. Es gibt Tage, da liege ich weinend am Boden und schreie zu Gott, weil ich selbst nicht weiterweiß. Wenn ich ratlos bin und Tränen in meine Augen schießen, packe ich oft meine Sachen und fahre an den Bodensee, setze mich in ein Café und schreibe meine Gedanken nieder.

Nachdem ich mir über Wochen den Kopf zerbrochen hatte und Gott immer wieder gefragt habe: „Und was jetzt? Wie geht es weiter? Ich habe keinen Plan mehr!" und einfach keine klare Antwort von ihm hören konnte, war es wieder so weit. Ich saß also in einem Café und versuchte, meine Gedanken zu ordnen und in meinen Laptop zu tippen. Neben mir aß ein älteres Ehepaar lecker aussehenden Kuchen. Es war ihr letzter Urlaubstag am schönen Bodensee. Spontan und ganz natürlich kamen wir ins Gespräch und ich erzählte ihnen meine Geschichte: Wie ich lange Jahre essgestört gewesen war und dank Gottes Hilfe aus dieser furchtbaren Situation rausgekommen bin. Dass ich heute von meiner Musik lebe und viel auf Reisen bin. Doch ich erzählte es, ohne zu realisieren, was ich da eigentlich sagte! In meinem Kopf hörte ich nur die Frage: „Und was jetzt? Wie geht es weiter, Gott?" Die Frau schwieg einen langen Moment und sagte plötzlich: „Warten Sie bitte mal kurz. Sie haben es geschafft, aus der Magersucht rauszukommen? Allein das ist so ein großer Erfolg, den sollten Sie ein Leben lang feiern! Sie haben jetzt schon mehr erreicht als viele andere, die mit ihrem Frust weiterleben."

Wie recht sie doch hatte! Wir wollen immer mehr erreichen und mehr erleben! Wie oft warten wir auf das nächste

Highlight in unserem Leben? Dabei öffnet Gott zu seiner Zeit die richtige Tür! Manchmal möchte er einfach nur, dass wir, dass du dich zurücklehnst und seine Gnade und den Moment genießt. Du darfst zurückblicken auf das, was er schon alles in deinem Leben und *durch* dein Leben getan hat, und dich daran erfreuen. Egal wie groß oder klein es auch sein mag.

Ich gestehe, dass mir diese Begegnung mehr Kraft gegeben hat, als es ein Auftritt vor Tausenden von Menschen hätte tun können. Denn Gott wusste, dass ich diesen Moment der Schwachheit haben würde und er hatte schon geplant, dass ich diese zwei Engel treffen würde, die mir guttun würden.

Geh diese Woche ganz entspannt an. Lass das „ich muss doch noch …" mal los und lass dir an seiner Gnade genügen. Ich bin gespannt, welche Engel er dir auf den Weg schickt!

Gebet

Jesus, ich danke dir, dass du mich so gut kennst! Sogar meine tiefsten Träume und Wünsche siehst du, bevor ich sie ausspreche. So gerne würde ich ganz für dich leben und deinen Plan für mein Leben erkennen. Hilf mir, nicht in den Zugzwang des „Ich muss doch noch …" zu verfallen, sondern wirklich deine Gnade

zu erleben und bewusst wahrzunehmen. Ich möchte
diese Woche einfach genießen und von dir empfangen.
Danke, dass ich das kann und darf.
Amen.

19.

Weil du ... mit ihm jeden Kampf gewinnst

Der Herr selbst wird für euch kämpfen,
wartet ihr nur ruhig ab!

2. MOSE 14,14

Ich weiß noch genau, wie ich einmal vor Gericht musste, weil ich einen Unfall auf der Autobahn hatte. Mein Auto stand danach mitten auf der Autobahn, bis die Polizei kam. Ich hatte furchtbare Angst! Denn ich konnte ja nicht wissen, ob die Autos nach mir mein Auto rechtzeitig sehen und somit noch ausweichen könnten, oder ob sie in die Unfallstelle brettern würden.

Doch als ich sah, dass selbst große Lkws mühelos an meinem Auto vorbeikamen, wurde ich zuversichtlicher. Nur ein kleiner Fiat schaffte es ironischerweise nicht. Die Fahrerin war eine sehr taffe Frau, die mich schon direkt nach dem Unfall wild und böse anschrie. So zerrte sie mich wegen ihres zerstörten Autos vor Gericht. Für mich war das eine völlig ungewohnte Situation, die mir Angst machte. Denn es ging nicht nur um meinen Führerschein, sondern auch um eine sehr hohe Geldsumme. Und als ich dann noch hörte, dass der Anwalt, der sie vertrat, ihr Onkel war, war ich mir sicher, dass das nicht gut enden würde. Ich hatte keinen Anwalt, sondern nur meinen kleinen Bruder dabei …

Doch ich betete und wusste, dass auch meine Familie für mich betete. Die entscheidende Frage der Richterin fiel: „Hatten Sie Ihr Licht am Auto angelassen, sodass man Sie sehen konnte?" Ich hatte absolut keine Ahnung. Schließlich hatte ich mit meinem Auto erst einen Moment zuvor einen Totalschaden erlitten und war froh, überhaupt noch am Leben zu sein. Direkt sprang die junge Frau auf: „Nein, hatte sie nicht! Sie hat sich überhaupt nicht um die anderen geschert! Deswegen bin ich da reingefahren!" Ruhig lächelte die Richterin mich an. Ich war verwirrt. Dann wandte die Richterin sich der Frau zu: „Sie sind sich sicher, dass Frau Rosenkranz das Licht nicht angelassen hatte?" Und wieder schoss es aus ihr heraus: „Nein, das war ihr doch egal!" Mir wurde ganz schlecht und ich sank in meinem Stuhl zusammen. Was sollte ich nur tun?

In aller Seelenruhe bat die Richterin nun, die Bilder des Unfallortes einzublenden. Da sah ich mein zerstörtes Auto, es war kaum wiederzuerkennen. Doch halt, was war das? Ganz klar und deutlich sah man alle Scheinwerfer meines Autos brennen! Selbst die Richterin konnte sich ein leichtes Grinsen nicht verkneifen. Und es ging noch weiter: Meine Gegnerin verstrickte sich im Nachhinein in mehr und mehr Lügen, wodurch sogar herauskam, dass sie alkoholisiert Auto gefahren war.

Mein Bruder und ich verließen das Gericht und waren komplett überwältigt von der unerwarteten Wendung und dem Ergebnis. Und von dem, wie Gott für uns gekämpft hatte! Wir zwei Unwissenden, die „keine Ahnung von nichts" hatten, aber ehrlich geblieben sind. Und Gott hat sich für uns eingesetzt!

Mögen es in deinem Leben momentan große oder kleine Kämpfe sein. Gott möchte dir sagen, dass du sie ihm ruhig überlassen kannst und dich weiter deines Lebens freuen darfst!

Er wird für dich kämpfen. Denn er ist gerecht.

Gebet

*Jesus, du bist der absolut beste Verteidiger! Ich bin
so erleichtert, dass ich das nicht selbst machen muss.
Danke, dass du immer gerecht bist und mich beschützt
vor sämtlichen Gefahren! Bei dir finde ich immer
Schutz. Du bist meine Sicherheit.*
Amen.

20.

Weil du ...
für alles beten darfst

Macht euch keine Sorgen!
Ihr dürft Gott um alles bitten.
Sagt ihm, was euch fehlt, und dankt ihm!
PHILIPPER 4,6

Es ist schon interessant, wie schnell ich daran denke, für Kleinigkeiten zu beten – zum Beispiel, dass meine Kopfschmerzen nachlassen. Doch wenn es sich um größere Baustellen handelt, etwas, das ganz schnell gehen muss, oder etwas, das mich extrem ärgert, dann lege ich gern selbst erst einmal Hand an. Bis ich irgendwann merke: „Liebe Déborah, du alleine bekommst das eh nicht hin ..." Und dann die Erleuchtung kommt: „Ah, du könntest doch beten!"

Ich war gerade von einer anstrengenden Tour zurückgekommen und wusste eigentlich, dass ich eine größere Summe Geld im Auto hatte, die ich auf mein Konto einzahlen wollte. „Erst einmal schlafen, morgen ist schließlich auch noch ein Tag", dachte ich. Am nächsten Morgen kam ich auf die Idee, mein Auto gründlich von innen zu reinigen. Ich warf alles weg, was ich so im Auto fand. Erst am Abend fiel mir das Geld in dem Umschlag wieder ein. Oh Schreck! Ich hatte doch das ganze Auto geleert und das Geld war mir nicht in die Hände gekommen. Ich ärgerte mich fürchterlich über mich selbst: „Wie blöd kann man sein! Wie konnte mir das nur passieren? Déborah, hättest du nicht besser aufpassen können?!" Sämtliche Vorwürfe durchkreuzten meine Gedanken und wurden untermalt von den Tränen, die mir nun die Wangen hinunterliefen.

Bis mir einfiel, was ich am gleichen Morgen selbst noch geschrieben hatte: „Gott ist immer da." Also jetzt auch. Aber es war doch meine eigene Schuld gewesen? Trotzdem. Er weiß ja, dass ich ein ganz schöner Schussel sein kann. Er weiß, dass ich nicht perfekt bin. Dennoch ist er da. Und er will helfen. Endlich kam ich auf die Idee zu beten. Ein intensives Gebet: „Daddy, ich weiß, es ist komplett meine Schuld und es gibt keine Erklärung dafür. Aber bitte, bitte hilf mir. Ich bin so unendlich traurig und brauche dich." Plötzlich fiel mir ein, dass ich meine Quittungen immer in die Armlehne stecke, wenn ich auf Reisen bin, um sie später für die Buchhaltung sortieren zu können. Ich hatte diese am Morgen mit einem Handgriff alle zusammen rausgezogen und zu meinen Unterlagen gelegt. Schnell schaute ich nach. Und tatsächlich: Auch das Geld befand sich darunter!

Für mich beweist das einmal mehr, dass Gebet funktioniert. Gott zu vertrauen und seine Hilfe in Anspruch zu nehmen, lohnt sich! Teste es diese Woche ruhig mal aus und erlebe deine eigenen Wunder mit ihm.

Gebet

Daddy, ich danke dir, dass dir kein Problem zu groß ist. Du siehst mich nicht gerne weinen und möchtest mir immer gerne helfen. Ganz egal, ob der Fehler bei mir liegt oder nicht. Einfach, weil du mich so sehr liebst. Danke dafür! Du bist so gut zu mir!
Amen.

21.

Weil du ... seine Stimme bist

Ich behalte dein Wort in meinem Herzen,
damit ich nicht wider dich sündige.
PSALM 119,11 (LÜ 84)

Ist es nicht spannend, dass wir gern unsere Bibel lesen und von Gott hören, aber die Umsetzung im Alltag, im „echten" Leben, uns doch eher einschüchtert, Angst macht, oder gar peinlich ist? Mal ganz ehrlich: Wie oft liest du die Bibel und denkst dir: „Hoffentlich lese ich heute den passenden Vers. Etwas, das direkt in meine Situation hineinspricht?" Und wenn es nicht passiert, sind wir von Gott enttäuscht. Ich kenne das. Wie oft ertappe ich mich selbst dabei. Doch nicht immer geht es nur um uns. Vielleicht möchte Gott dir diese Woche etwas mitgeben, damit du es an einen Menschen in Not weitergeben kannst!

Ich bin selbst keine Expertin darin, Bibelverse auswendig zu lernen und sie mir zu merken. Doch wie sinnvoll es ist, das zumindest zu versuchen, erlebte ich auf einer Veranstaltung, auf der ich eigentlich zum Feiern war. Ganz sicher hätte ich nicht gedacht, dass mich gerade dort jemand nach meiner Bibelkenntnis fragen würde! Doch ich lernte eine Frau kennen und kam mit ihr ins Gespräch. Sie erzählte mir noch, dass sie eigentlich nicht weiß, weshalb sie da ist, weil sie das Leben so sinnlos findet. Sie hätte einfach nur Lust, einen netten Mann kennenzulernen und mit ihm zu verschwinden. Immer wieder sagte sie: „Was mache ich eigentlich noch hier? Was ist der Sinn meines Lebens?" Und dann erzählte sie mir, wie sie sich selbst verletzt. Also viel konkreter hätte man meine Bibelverse nicht abhören können!

Es sprudelte nur so aus mir heraus! Von „Hey, Gott hat Pläne des Heils und nicht des Unheils für dich!" (Jeremia 29,11; EÜ) bis „Du bist sein geliebtes Kind!" (Apostelgeschichte 17,28). Ich war selbst überrascht, mich so zu hören. Die junge Frau in ihrem teuren Kleid und wertvollen Schmuck stand nun mit tränenverschmiertem Make-up vor mir und rang um Fassung: „Woher weißt du das alles? Wie kann das sein? Ich versuche schon die ganze Zeit, vor Gott wegzulaufen. Eigentlich glaube ich ja an ihn. Doch ich wollte es nicht wahrhaben, dass er mir helfen kann. Und jetzt steh ich hier und du zitierst Bibelverse. Ich will nicht mehr vor ihm wegrennen."

Das ist doch unglaublich, oder? Ich habe nichts dafür tun müssen. Die Frau ist einfach so auf mich zugelaufen und hat Antworten gesucht. Ich bin mir sicher, dass Gott das genau so eingefädelt und mir die richtigen Worte in den Mund gelegt hat. Menschen wie diese Frau sind überall. Überall um dich herum. Du musst dir einfach ein paar Bibelverse merken und den Mund öffnen!

Gebet

So viel Gutes habe ich schon für mich aus deinem Wort hören dürfen. Wie oft hat ein einziger Bibelvers mir so gutgetan! Ich möchte das auch mit anderen teilen können. Hilf mir, mir dein Wort zu merken, damit ich bereit bin, wenn Menschen auf der Suche sind und mich ansprechen. Lass es mich diese Woche erleben, dass dein Wort durch mich anderen hilft! Amen.

22.

Weil du ...
ihm gehörst

Ihr aber seid ein von Gott auserwähltes Volk,
seine königlichen Priester, ihr gehört ganz zu ihm
und seid sein Eigentum.

1. PETRUS 2,9

In meiner Teeniezeit habe ich mich sehr danach gesehnt, gesehen und geliebt zu werden. Gleichzeitig hatte ich eine große Angst davor, zurückgewiesen zu werden! Ich verliebte mich in einen Sportler, der einen Zwillingsbruder hatte. Meine Freundin verstand sich ebenfalls gut mit den Jungs und so waren wir oft zu viert unterwegs oder bei meiner Freundin zu Hause und alberten herum. Eines Tages küssten sich meine Freundin und der Zwillingsbruder des

Sportlers. Im gleichen Moment griff mein Schwarm ebenso nach meiner Hand und ich wollte vor Freude explodieren. Doch diese Freude hielt nicht wirklich lange an. Schon am nächsten Tag sagte er zu mir: „Du, sorry, das war so ein Reflex. Ich war einfach nur sauer auf meinen Bruder, weil ich das Mädchen eigentlich haben wollte."

Autsch! Ich war nur ein Trostpflaster gewesen.

Ich kann mir gut vorstellen, dass auch du schon Zurückweisung in deinem Leben erfahren hast. Natürlich stellt man sich da die Frage: „Was habe *ich* falsch gemacht? Bin ICH nicht gut genug? Wieso bin *ich* es eigentlich nicht wert?" Das sind alles sanfte Lügen, die in dein Ohr kriechen und sich breitmachen. Denn die Wahrheit ist, dass *du Gottes Eigentum* bist! Natürlich lebst du noch hier auf der Erde, dennoch darfst du erhobenen Hauptes durch diese Woche gehen und dabei immer daran denken: „Ich bin ein Kind Gottes – und er hat *mich* auserwählt! Gott hatte die Wahl und er wollte mich!" Gott wird dich definitiv nie zurückweisen. Ganz egal, was du getan hast. Ganz egal, wie du aussiehst. Er liebt dich bedingungslos.

Wenn du mit diesem „Ich bin königlich"-Wissen durch die Woche gehst, wird dir schnell auffallen, dass Zurückweisung oft auch Gottes Bewahrung ist. Dass dieser Sportler nichts von mir wollte, war definitiv das Beste für mich. Genauer hingesehen, also mit dem „Ich-bin-ein-Kind-Gottes"-Blick, hätte ich sofort erkannt, dass dieser junge Mann ein Problem mit Drogen hatte, sich selbst nicht lieben konnte und mich auf keinen Fall glücklich gemacht hätte. Gott hielt etwas viel Besseres für mich bereit – und das tut er auch für dich! Manchmal ist Zurückweisung einfach nur Gottes Bewahrung!

Gebet

Vater, ich danke dir, dass du mich auserwählt hast und mich in deiner unendlich großen Liebe zu deinem Kind gemacht hast. Auch wenn Menschen mich verletzen, muss ich nicht traurig sein, denn für dich bin ich unendlich wertvoll. Bewahre auch mich davor, andere zu verletzen. Hilf mir, nie zu vergessen, dass ich dein bin.
Amen.

23.

Weil du ...
die Wahrheit erkennen
darfst

Dann passt auf, was ihr redet:
Lügt nicht und verleumdet niemanden!

PSALM 34,14

Du sollst nicht lügen" – diesen Satz kennen wir schon aus den zehn Geboten.

Was mir dabei zuerst einfällt, ist der Gedanke „Ich sollte *anderen* gegenüber immer die Wahrheit sagen." Das stimmt natürlich, doch was ist eigentlich mit mir selbst? Sollte ich nicht auch zu *mir* ehrlich sein und *mich* nicht belügen? Wir alle tun das öfter, als uns wahrscheinlich bewusst ist.

Wie oft höre ich zum Beispiel: „Ich bin so fett und hässlich! Ich müsste echt mehr trainieren." Ich erinnere mich auch an eine E-Mail eines Mädchens, das mir schrieb: „Ich bin so wertlos! Jedes Mal, wenn ich eine Fressattacke habe und danach über der Kloschüssel hänge, würde ich mich am liebsten selbst runterspülen." Ein Satz mit so viel Macht! Mit so vielen Nachwirkungen! Denn dein Herz bekommt mit, was dein Mund da ausspricht! Und Gott hört genauso, welche Lüge du über den Menschen – über dich – aussprichst, den er mit Liebe und Herzblut erschaffen hat! Es muss sich für ihn anfühlen wie ein Messerstich ins Herz. *Wollen* wir Gott mit unseren Lügen so wehtun? Vielleicht steht genau deswegen in diesem Vers: „Pass auf, was du redest!" Weil es nicht nur dir selbst wehtut, sondern auch ihn verletzt.

Immer wieder schreiben mir Mädchen, die in ihren Zimmern jeden einzelnen Spiegel und jede Fensterscheibe zuhängen müssen, weil diese ihr Spiegelbild reflektieren könnten. Sie können und wollen sich nicht sehen, so sehr hassen sie sich.

Ich kann die Gefühle dieser Mädchen gut verstehen, denn auch ich hatte mit solchen Gedanken zu kämpfen. Ja, auch ich schrieb in mein Tagebuch: „Wenn ich morgen zweihundert Gramm mehr wiege, dann bringe ich mich um. Ich hasse mich." Kannst du dir das vorstellen?

Doch genau an diesem Punkt entschied ich mich, der

Wahrheit in meinem Leben Platz zu machen, was mich viel Überwindung kostete. Doch ich wollte diese Lüge mit aller Kraft bekämpfen! Ich stellte mich jeden Tag vor den Spiegel und unter vielen Tränen fing ich an, die Wahrheit über mich auszusprechen, die in Psalm 139,13–14 steht: „Du hast mich geschaffen – meinen Körper und meine Seele, im Leib meiner Mutter hast du mich gebildet. Herr, ich danke dir dafür, dass du mich so wunderbar und einzigartig gemacht hast! Großartig ist alles, was du geschaffen hast – das erkenne ich!" Es wurde nicht sofort alles gut. Aber ganz langsam spürte ich, wie sich die Sätze, die ich mir laut vorsagte, in mein Herz pflanzten. So veränderte sich Stück für Stück meine Sicht auf mich selbst. Und glaub mir: Die Lüge hat keinen Platz mehr, wenn sich die Wahrheit durchsetzt. Und sie gewinnt die Oberhand, wenn du anfängst, nach weiteren Schätzen in der Bibel zu graben und für dich selbst zu entdecken, was Gott über dich sagt!

Gebet

Jesus, ich entscheide mich bewusst gegen die Lügen in meinem Leben! Ich bitte dich, dass sie jede Kraft über mein Leben verlieren. Komm und füll du mich mit der Wahrheit, deiner Wahrheit, die mich freimachen kann! Vergib mir meine Lügen über andere, aber auch die, die ich über mich selbst ausgesprochen habe. Ich

will mich lieben und Gutes über mich aussprechen. Ich
will andere lieben und ein Segen für sie sein können.
Danke, dass du mir dabei hilfst.
Amen.

24.

Weil du ... Gott um alles bitten kannst

Fragt nach dem Herrn, und rechnet mit seiner Macht,
wendet euch immer wieder an ihn!
1. CHRONIK 16,11

Hast du auch schon erlebt, wie Gott eingegriffen hat, nachdem du gebetet hast? Es tut gut, sich diese Erlebnisse in Erinnerung zu rufen, denn damit wächst dein Vertrauen, dass es auch in deiner jetzigen Situation funktionieren wird! Wenn dir gerade nichts einfällt, weil du vielleicht noch müde über deiner ersten Kaffeetasse hängst, dann möchte ich dir mit einer meiner Erfahrungen Mut machen:

Ich war gerade aus den USA zurückgekommen. Dort durfte ich mit einem genialen Songwriter zusammenarbeiten, der einen richtig tollen Song für mich geschrieben hatte. Doch um dieses Lied zu bekommen, musste ich eine hohe Geldsumme zahlen, die ich einfach nicht hatte. Jetzt saß ich im Flugzeug nach London, auf dem Weg zu einem wichtigen Meeting. Neben mir nahm ein Geschäftsmann Platz. Nach einer Weile kamen wir ins Gespräch und redeten über meine Arbeit und das Leben an sich.

Als das Flugzeug zur Landung ansetzte, fing ich innerlich an zu beten: „Oh Gott, ich bin so müde und enttäuscht wegen des Songs. Außerdem bin ich spät dran zu dem Treffen und habe kein Geld mehr für ein Taxi. Wenn ich jetzt mit der Bahn bis in die Stadt muss, wird das alles sehr stressig. Hilf mir doch bitte, ich kann nicht mehr." Gerade als ich innerlich „Amen" sagte, drehte sich der Herr nochmals zu mir und fragte: „Kann ich dich eigentlich irgendwohin mitnehmen? Mein Chauffeur wartet am Eingang." Ich traute meinen eigenen Augen kaum, als ich kurze Zeit später die Limousine sah, die vor mir stand. Und bevor ich mich von dem netten Herrn an meinem Zielort verabschiedete, bat er mich, ihm meine Bankverbindung zu geben. Er würde gern das Lied bezahlen, von dem ich ihm erzählt hatte. Denn ihm hatte man damals auch geholfen, als er ganz am Anfang stand ... Ist das nicht eine tolle Gebetserhörung?

Mit zitternden Knien, einem großen Lächeln und dankbarem Blick in Richtung Himmel stand ich nun mitten in London – überwältigt von der Macht Gottes, auf die immer wieder Verlass ist!

Wo in deinem Leben könntest du diese Woche mal einen richtigen Schub der Macht Gottes gebrauchen? Sag es ihm! Nichts ist ihm unmöglich! Glaub mir, wenn Gott so etwas in meinem Leben getan hat, dann wird er es auch bei dir tun wollen! Glaube nur!

Gebet

Jesus, du hast schon so viele Wunder vollbracht!
Heute bitte ich dich für mich ganz persönlich: Zeige
deine Macht und Größe in meinem Leben! Du weißt
genau, was ich gerade brauche! Lass mich diese Woche
erleben, wie du dich um mich kümmerst!
Danke von Herzen!
Amen.

25.

Weil du ...
so wertvoll bist

Denn ich urteile nach anderen Maßstäben
als die Menschen. Für die Menschen ist wichtig,
was sie mit den Augen wahrnehmen können;
ich dagegen schaue jedem Menschen ins Herz.

1. SAMUEL 16,7

Ich war unglaublich verliebt. So unglücklich verliebt.
Und ich hoffte immer, dass er sich ändern würde. Denn
obwohl wir zusammen waren, fand er immer tausend
Gründe, an mir herumzunörgeln. Wie oft zeigte er auf andere Frauen und sagte: „So solltest du aussehen!" Ich über-
hörte bewusst, wenn er zu anderen sagte: „Wenn sie dir gefällt, kannst du sie haben." Auch achtete er sehr auf meine

Ernährung – wohlgemerkt, obwohl er meine Vergangenheit und meine Krankheitsgeschichte kannte! Immer wieder sagte er: „Dicke Mädchen bekommen keinen Mann." Ganz ehrlich – aus heutiger Sicht würde ich sagen, dass kein Mädchen *so* einen Mann braucht und wollen sollte! Doch ich war jung und noch nicht so weit, das zu verstehen.

Immer wieder lag ich nachts weinend wach. Ich fing an, Gott mein Leid zu klagen und hörte, wie er leise zu mir sagte: „Aber Déborah, was ich sehe, das ist so wundervoll! Du bist ein Mensch, der liebt. Ein Mensch, der sich so für andere einsetzt. Du bist immer da, wenn dich jemand braucht. Du hilfst in deiner Familie und bist höflich zu deinen Mitmenschen. Dabei trägst du immer dein wundervolles Lächeln auf den Lippen. Einen schöneren Menschen kann ich mir gar nicht vorstellen."

Wie weit sind wir doch von diesen echten Werten entfernt? Als ich das in dieser Nacht hörte und verstand, wurde mir sehr schnell klar, dass nicht *ich* das Problem hatte, sondern *er*. Und dass er selbst noch nicht seinen Wert erkannt hatte und dadurch versuchte, mich zu kontrollieren und „kleinzuhalten". Für mich war es höchste Zeit, mich von ihm zu trennen und mich mit Menschen zu umgeben, die mich nicht nur für mein Äußeres lieben, sondern für diejenige, die in mir steckt, die ich wirklich bin. Wenn man versucht, für einen Menschen etwas zu sein, sich also zu verstellen, wird man dadurch nie glücklich werden, im Gegenteil: Es wird dich zerstören.

Ich wünsche dir, dass du in dieser Woche lernst, dich durch Gottes Augen anzusehen und zu erkennen, wie viel Gutes doch in dir steckt – denn das ist Gold wert und einmalig!

Lass dich dessen von keinem berauben! Du bist unglaublich schön und du wirst unendlich geliebt!

Gebet

*Jesus, manchmal fällt es mir so schwer zu glauben,
dass ich gut bin, wie ich bin. Besonders wenn
ich mich mit anderen vergleiche. Hilf mir, mich
wirklich mit deinen Augen zu sehen und die Wahrheit
zu erkennen. Danke, dass du mein Herz heilst
und mich stark machst.
Amen.*

26.

Weil du ...
vergessen kannst

Ich will alles vergessen, was hinter mir liegt,
und schaue nur noch auf das Ziel vor mir.

PHILIPPER 3,13

A ls ich nach sieben langen Jahren endlich den Kampf mit der Essstörung gewann, war jeder einzelne Tag erst einmal eine Herausforderung. Ich hatte so viele Ängste. Angst vor dem Versagen. Angst vor Enttäuschung. Angst vor Fehlern. Angst vor der Zahl auf der Waage. Angst, wieder zu hören, dass ich nicht gut genug sei. Denn es war ein einziger Satz, der mich damals so getroffen hatte, dass ich überhaupt in die Essstörung gerutscht bin. Ja, ich hatte sogar Angst vor Lebensmitteln. Ich dachte, sie wären schlecht für mich. Doch ich wusste, wenn ich leben möchte, dann muss ich mich mit diesen Ängsten auseinandersetzen. Mich meinen Ängsten stellen. Ich musste wieder neu lernen, etwas zu essen, ohne schlechtes Gewissen und in ausreichender Menge.

Gleichzeitig fing ich auch an, die Bibel nach Versen zu durchsuchen, die mir helfen könnten. Dieser Vers aus Philipper 3 „Ich *will* alles vergessen, was hinter mir liegt …" hat mir da sehr geholfen. Denn es ist kein „Du *musst* …" Nein, ein einfaches „Ich will …" genügt. Keine Erwartung, einfach nur ein Wollen von mir. Und ja, ich wollte vergessen und mir neue Ziele im Leben setzen, für die es sich zu leben lohnt! Und davon gab es viele. Ich *wollte* wieder Zeit mit meiner Familie, meinen Freunden und Bekannten verbringen können, ohne ans Essen denken zu müssen. Ich *wollte* wieder Handball spielen können, was ich aufgeben musste, weil ich zu schwach war. Ich *wollte* wieder singen können, weil ich schon damals wusste, dass das meine Begabung ist und ich Menschen damit eine Freude machen kann. Aber dazu musste ich gesund werden *wollen*.

Wo hängst du in den Fesseln der Vergangenheit fest? Was hält dich noch zurück? Ist es der Schmerz, den man dir damals zugefügt hat? Ist es dein Versagen? Ist es das, was man über dich gesagt hat? Auch du hast die Chance, das alles hinter dir zu lassen und heute, jetzt und hier, neu anzufangen. Du musst es nur *wollen*. Denk an all die Dinge, die du so gern tust und setze dir Ziele, wie du mit diesen Dingen anderen Menschen helfen oder eine Freude machen kannst. Dein Leben findet hier und jetzt statt! Die Vergangenheit kannst du abgeben, in Gottes Hände.

Gebet

Jesus, so viel Schmerz, so viele unschöne Erinnerungen. Doch heute möchte ich sie dir geben und nicht mehr in der Vergangenheit leben. Ich vergebe denen, die mir wehgetan haben. Vergib auch mir, wo ich andere verletzt habe. Ich möchte nach vorne schauen – auf das große Ziel, auf ein Leben voller Freude, mit dir.

Amen.

27.

Weil du ... eine bessere Zukunft vor dir hast

Ich gebe euch wieder Zukunft und Hoffnung.
Wenn ihr dann zu mir ruft, wenn ihr kommt und
zu mir betet, will ich euch erhören.
JEREMIA 29,11–12

Gerade hatte ich meinen alten Wohnungsschlüssel abgegeben – vorbei, tschüs, Vergangenheit! Wie sehr hatte ich diese Wohnung doch geliebt! Ich nannte sie liebevoll meine „Kuschelbude", weil sie so gemütlich war.

Doch ich liebte dieses Zuhause! Es war so voller Erinnerungen! Und dann waren siebeneinhalb Jahre ruckzuck vergangen und plötzlich und ganz unerwartet flatterte ein Brief in meinen Briefkasten: „Kündigung wegen Eigenbedarf ... Auszug in drei Monaten." Was war ich traurig, enttäuscht, sauer! Ich hatte weder Zeit und Nerven noch das Geld für einen Umzug! Die meisten Freunde waren nicht verfügbar, meine Familie hatte ich mitten in ihrem Urlaub erwischt und somit konnten sie nur teilweise helfen. Mir blieb keine andere Wahl als einen teuren Umzugsservice in Anspruch zu nehmen. Ich schrie förmlich zu Gott, mir zu helfen. Und nicht wenige Tränen flossen. Ich konnte einfach nicht verstehen, wieso er mir meine tolle Wohnung nahm, die ich doch so liebte!

Nur drei Monate später machte ich es mir auf meiner Couch gemütlich, während ich mir einen Film ansah, und fühlte mich einfach pudelwohl in meiner neuen, wunderschönen, viel größeren und besseren Wohnung!

Manchmal hängen wir an Dingen, die uns zu einer gewissen Zeit gutgetan haben, aber nicht „für immer" gemeint waren. Wir sehnen uns nach etwas Neuem, sind aber nicht bereit, dafür die notwendigen Schritte zu gehen. Ja, Veränderung tut weh und wir vermeiden sie gerne. Doch sie hat mich bisher immer nur stärker und schlussendlich glücklicher gemacht! Nie hätte ich gedacht, dass dieses neue Zuhause mir so gut gefallen würde. Weil ich Angst vor der Veränderung hatte und glaubte: „Na ja, meine Wohnung ist doch gut genug." Dabei will Gott dir sogar immer noch etwas Besseres und Schöneres schenken. Du kannst dir das gar nicht selbst verdienen und musst auch gar nichts dafür tun. Es macht ihm einfach Freude, dich, sein geliebtes Kind, glücklich zu sehen!

Vielleicht ist es auch bei dir an der Zeit, einen „Schlüssel" in deinem Leben loszulassen, den nächsten Schritt zu gehen und zu vertrauen, dass es jemand sehr, sehr gut mit dir meint und etwas viel Besseres für dich vorgesehen hat!

Und er wird dir auch auf dem Weg dorthin helfen – ganz sicher! Bezieh ihn in alles mit ein und lass dich dann von ihm überraschen! Nachdem der Umzug vollendet war, erhielt ich einen unerwarteten Anruf von lieben Menschen: „Wir würden für dich gern die Umzugskosten übernehmen …!"

So ist Gott – so darfst auch du mit ihm rechnen, während du diese Woche überlegst, welchen Schlüssel du in deinem Leben vielleicht loslassen solltest. Mach Platz für Neues – erwarte Großes und vertraue darauf, dass *er* mit dir diesen Weg in eine bessere Zukunft gehen wird, auch wenn es manchmal wehtut. Zum Schluss wirst du zurückblicken und denken: „Ach, hätte ich das bloß schon früher getan."

Gebet

Jesus, in dieser Woche bitte ich dich, mir zu zeigen, wo in meinem Leben gerade Zeit für eine Veränderung ist. Ich möchte loslassen, was nicht mehr gut für mich ist. Öffne mir die Augen für das, was du für mich willst. Denn ich weiß: Du liebst mich und willst mir eine wundervolle Zukunft schenken. Ich freue mich darauf und danke dir für deine Hilfe auf dem Weg! Amen.

28.

Weil du ...
sicher bist

Wer unter dem Schutz des Höchsten wohnt,
der kann bei ihm, dem Allmächtigen, Ruhe finden.
Auch ich sage zu Gott, dem Herrn:
„Bei dir finde ich Zuflucht, du schützt mich wie eine Burg!
Mein Gott, dir vertraue ich!"

PSALM 91,1–2

Eigentlich ist es rückblickend eine sehr lustige Geschichte, die ich vor einigen Jahren erlebt habe. Doch das sah ich natürlich nicht, als ich direkt in der Situation steckte. Stattdessen war ich in diesem Moment völlig verängstigt und verunsichert. Denn wer steht schon gerne mit seinen letzten 30 Euro in Berlin und hat weder Hotel noch

Freunde vor Ort? Aber zurück auf Anfang: Ich war als VIP-Gast auf einem Konzert in der O2-Arena eingeladen worden, um Kontakte für meine Musik knüpfen zu können. Zu dem Zeitpunkt war ich extrem knapp bei Kasse; ich hatte weder eine Kreditkarte noch Geld auf dem Konto. Die letzten 60 Euro, die ich besaß, trug ich in meiner Handtasche bei mir. Das Flugzeug landete sehr knapp und so musste ich ein Taxi nehmen, womit 30 Euro schon einmal weg waren. Ich wartete am verabredeten Treffpunkt, dem VIP-Eingang, auf denjenigen, der mich zu dem Konzert eingeladen hatte und auch meinen Transport und das Hotel organisieren wollte. Ich holte meine Karte ab und wartete und wartete. Viele Minuten vergingen. Kurz vor Konzertbeginn war weit und breit immer noch niemand zu sehen. Jetzt wurde ich doch recht nervös, denn wenn er nicht auftauchen würde, würde ich in Berlin mit meinen paar Euros keine Unterkunft mehr finden. Auch an sein Handy ging er nicht. Innerlich fing ich nervös an zu beten: „Gott, was jetzt? Hilf mir bitte!" Und dann fiel mir ein, dass ich das begehrte Ticket ja vor dem Haupteingang auf dem Schwarzmarkt verkaufen könnte. Natürlich nicht die legalste Idee, doch ich kannte den Veranstalter und dachte mir, dass er das schon verstehen würde. So bekam ich tatsächlich innerhalb von zwei Minuten 150 Euro zusammen! Geld verdienen war noch nie so leicht gewesen. Ein wenig musste ich schmunzeln. Dennoch, langsam wurde es dunkel und jetzt konnte ich nicht mehr in die Halle, da ich kein Ticket mehr hatte. Also ging ich wieder an den VIP-Eingang und wartete. Dort sprach mich ein Typ an, der aussah, als wenn er was zu sagen hätte. Als ich ihm erklärte, auf wen ich wartete, sagte er: „Das ist ein Freund von mir. Seine Freunde sind meine Freunde. Komm mit uns aufs Konzert, wir kümmern uns um dich." So saß ich trotz allem im besten Bereich der Halle, wurde danach mit den lieben Menschen gemeinsam in einer Limousine in ein tolles Restaurant gefahren, wo man mich zum Essen einlud, bevor sie mir ein Hotel raussuchten und mich dort spätabends dann absetzten. Ich musste wirklich über Gottes Humor lachen. Eine junge Frau mit kaum Geld in der Tasche fliegt nach Berlin und wird so von links und rechts von Gott geführt, bewahrt und beschenkt, dass sie „reicher" nach Hause fliegt und eine geniale Zeit hatte. Wer sich Gott anvertraut, der ist absolut sicher.

Lass dir niemals Angst machen, nur weil du weniger besitzt als andere. Denke nie, dass du deswegen nicht so viel zu sagen hättest oder nicht so sehr in Sicherheit lebst wie sie. Für Gott ist alles möglich. Er kann sogar dafür sorgen, dass diese Menschen dir zum Schluss helfen und dich segnen, ohne dass sie es merken. Denn er hält die ganze Welt in seiner Hand, alles und alle gehören ihm und wenn er spricht, dann passiert etwas. Deswegen ist es ein wundervolles

Geschenk, unter seinem Schutz zu leben – und sich von ihm beschenken zu lassen.

Gebet

Herr, ich liebe deinen Humor. Und ich liebe es zu sehen, wie ich unter deinem Schutz leben darf, während du dich um mich kümmerst. Ich möchte immer wieder zu dir laufen, niemals weg von dir. Danke, dass du mich als so wertvoll erachtest, dass du mich Tag und Nacht behütest.
Amen.

29.

Weil du ...
Geduld lernen darfst

Für alles auf der Welt hat Gott schon vorher
die rechte Zeit bestimmt.

PREDIGER 3,11

Kennst du das? Du wartest so dringend darauf, dass Gott in deine Situation eingreift. Dass er endlich dein Gebet erhört und handelt. Und ... es tut sich erst einmal nichts. Wie oft spreche ich mit Mädchen oder jungen Frauen, die durch eine schwere Zeit gehen, oder deren Eltern, die zu mir sagen: „Wir beten doch. Wieso antwortet er nicht?"

Ich möchte dir anhand von meiner Geschichte erklären, dass es *immer* gut ist, wie Gott handelt. Auch wenn es manchmal länger dauert und extrem wehtut. Ich war schon mehrere Jahre stark magersüchtig gewesen, hab nicht nur mir selbst damit extrem geschadet, auch meine ganze Familie litt mit. Knapp 30 Kilo hatte ich abgenommen und ich spürte förmlich, dass ich das nicht mehr lange durchhalten würde. Doch ich sah keinen Ausweg mehr und hatte auch keine Ahnung, wie ich aus diesem Albtraum Essstörungen rauskommen sollte. Die Menschen um mich herum machten sich alle Sorgen und viele beteten. Jeder versuchte, mir irgendwas Schlaues zu sagen, in der Hoffnung, dass ich reagieren würde.

Doch eines Nachts hörte ich meine Eltern in ihrem Schlafzimmer weinen. Mitten in der Nacht. Als ich vor ihrer Türe stand und lauschte, hörte ich meine Mutter sagen: „Wir können eigentlich ja schon den Sarg für Déborah bestellen. Sie wird sowieso sterben." Das traf mich eiskalt. Natürlich hatte ich Angst vor dem Tod! Doch dann antwortete mein Vater mit lauter Stimme: „Nein, wir müssen weiter Gott vertrauen! Wir müssen weiter beten! Unsere Tochter wird geheilt werden!" Und sie beteten voller Vertrauen auf der einen Seite, aber auch mit vielen Fragen und Zweifeln auf der anderen Seite. Sie fragten sich, ob Gott sie wohl je erhören würde. Dieses Gebet hat mich so berührt, dass ich mich in dieser Nacht entschloss, gesund werden zu wollen, mich meinen Eltern anzuvertrauen und *mit ihnen* zu beten. Das war der erste Schritt in Richtung Heilung für mich.

Ich war bereit, mir Hilfe zu holen und diese zuzulassen. Die Nacht, die mein Leben verändert hat!

Heute darf ich nach sieben Jahren der Essstörung völlig geheilt und wiederhergestellt Mädchen und Frauen aus aller Welt Mut machen und ihnen am lebendigen Beispiel zeigen, dass es einen Ausweg und Heilung gibt. Dass Gott wirklich freimacht! Und oft begleitet mich meine Mutter und erzählt davon, wie sie in der schweren Zeit an Gott festgehalten hat. Viele andere junge Frauen wurden ebenfalls geheilt und haben durch meine schmerzhafte Erfahrung angefangen zu glauben, dass Gott sich auch um sie kümmern möchte. Was meinst du, wie ich vor Freude weine, wenn mir ein Mädchen sagt: „Weißt du eigentlich, dass ich nur aufgrund von deiner Geschichte noch am Leben bin?"

Ich möchte dir heute Mut machen. Vielleicht durchlebst du gerade selbst eine schwierige Situation. Vielleicht denkst du, dass sie nie aufhören wird und du nie rauskommen wirst, weil Gott im Moment nicht reagiert. Das kann die Geschichte werden, die später anderen Menschen aus ihrer Dunkelheit heraushilft! Gib Gott die Zeit, dich jetzt zu formen und dein Wunder fertigzuschreiben, auf dass viele andere durch dich später sehen, dass es auch für sie Hoffnung gibt!

Gebet

Jesus, heute möchte ich mit meinem Leben zu dir
kommen. Du siehst, was da alles gerade drunter
und drüber läuft und manchmal frage ich mich, ob
du meine Gebete überhaupt hörst. Diese Geschichte
zeigt mir, dass du weißt, was du tust und auch ich
möchte dir vertrauen. Ich möchte sagen, dass ich dir
die Zeit gebe, die es braucht, um an meinem Wunder
zu arbeiten und ich bitte dich: Mach mich zu einem
wertvollen Werkzeug in dieser Welt. Ein lebendiges
Wunder, das dich und dein Wirken auf Erden
sichtbar macht.
Amen.

PS: Meine Eltern haben nicht einfach nur eine Nacht betend wach gelegen und ich bin „zufällig" vorbeigehuscht. Sie haben jahrelang zu Gott geschrien. Ohne zu wissen, wann er antworten würde. Doch schlussendlich war der Zeitpunkt perfekt. Vertraue ihm, denn er weiß, was er tut!

30.

Weil du ... den besten Manager hast

"Du hast mich geschaffen – meinen Körper und meine Seele, im Leib meiner Mutter hast du mich gebildet. Herr, ich danke dir dafür, dass du mich so wunderbar und einzigartig gemacht hast! Großartig ist alles, was du geschaffen hast – das erkenne ich!"

PSALM 139,13-14

Was war ich nervös! Jetzt war ich schon in London, was für mich total aufregend war, da ich hier mit Leuten aus dem Musikbusiness unterwegs war und dann hieß es plötzlich sogar noch: „Wenn du willst, kannst du mitkommen. Es findet ein wichtiges Meeting mit sämtlichen Managern eines Weltstars statt." Und ich durfte einfach mal zuhören …

Wir kamen in das pompöse Gebäude und dann ging es mit dem Lift in den 20. Stock. Überall an den Wänden hingen die Gold- und Platinauszeichnungen, Preise, Fotos der Weltstars. Das Meeting begann und ich war sehr gespannt, was mich erwarten würde. Doch dann traute ich meinen Ohren kaum: Die Manager, die sich eigentlich um das Wohl der Künstlerin kümmern sollten, rissen die größten Witze über deren Depressionen! Zu dieser Zeit landete die Sängerin immer wieder in den Schlagzeilen, weil sie komplette Abstürze hatte, sich die Haare ausriss, sich selbst verletzte und Drogen nahm. „Solange sie in den Medien ist, wird das unsere Kassen füllen." Ein anderer sagte noch: „Habt ihr sie mal gesehen, wenn sie nach einem Konzert von der Bühne kommt? Dann heult sie sich die Augen aus dem Leib, weil sie niemanden hat." Großes Gelächter.

Ich blieb erschüttert zurück. Diese Sängerin wusste vermutlich nicht einmal, was ihre eigenen Manager über sie dachten und wie sie über sie herzogen.

Deshalb ist es wichtig, dass du an allererster Stelle weißt, wer dein Lebensmanager ist. Du bist ein Kind Gottes! Du darfst dir genau überlegen, welche Menschen du zu welchem Preis in dein Leben lässt. Beziehe Gott in deine

Entscheidungen mit ein und vertraue ihm. Du kannst dir sicher sein: Gottes Augen werden über dir wachen und dich beschützen! Er kennt jedes Haar auf deinem Kopf und ihn würde es traurig machen, wenn dir nur ein Haar gekrümmt werden würde. Deshalb gib auf dich acht – du bist ein Meisterwerk Gottes!

Gebet

Herr, ich danke dir, dass du mich so wundervoll geschaffen hast und in mir nur Schönheit siehst! Wenn du über mich sprichst, dann sind deine Worte so voller Liebe, dass ich es kaum fassen kann. Danke, dass ich nicht abhängig bin von Menschen, die es nicht gut mit mir meinen. Bewahre mich davor, solchen Menschen Raum in meinem Leben zu geben. Ich bin stolz darauf, von dir gemanagt zu werden!
Amen.

31.

Weil du ... loslassen kannst

Der Mensch plant seinen Weg,
aber der Herr lenkt seine Schritte.
SPRÜCHE 16,9

Ich bin der Typ Mensch, der am liebsten alles im Voraus wissen möchte. Ich bin sehr neugierig und möchte unheimlich gerne wissen, was in meinem Leben passieren wird. Am liebsten hätte ich schon einen genauen Plan für die nächsten zehn Jahre. Mir fällt es unglaublich schwer, loszulassen und zu vertrauen. Das ist ja eigentlich schon sehr witzig, wenn man mal überlegt, mit wem ich mich da anlege – wo Gott doch definitiv bessere Pläne für mein Leben hat, als ich mir überhaupt vorstellen kann!

Eine kleine Golflektion hat mir hier die Augen geöffnet. Ich habe absolut keine Ahnung davon. Aber ich hatte Freunde zu Besuch und wir haben uns einen Einsteigerkurs gegönnt. Der Trainer war wirklich super. Seelenruhig erinnerte er mich immer wieder daran, wie ich mich hinstellen soll und wie ich den Schläger am besten halte, um zu dem besten Ergebnis zu kommen. Ich bombardierte ihn mit Fragen, die überhaupt nichts mit einem Anfänger zu tun hatten. Im Kopf war ich schon zehn Schritte weiter. Und dabei verkrampfte ich mich so, dass mein Ball ... na ja, sagen wir mal, eher abseits vom Golfplatz landete. Erst als der Trainer sagte: „Lass einfach mal locker, vergiss alles und genieße das Spiel!", schaffte ich es, mich zu entspannen. Ich dachte an nichts mehr und mein Ball schoss in die Höhe und in die Weite, dass alle um mich herum nur so staunten. Und der Trainer hatte ein riesiges Lächeln im Gesicht.

Ich denke, dass es mit Gott und uns Menschen ganz oft genauso ist. Wir versuchen so sehr, alles richtig zu machen. Wir wollen die Zukunft schon perfekt vorplanen, damit er Freude an uns hat. Doch vergessen wir ganz schnell, das Hier und Jetzt zu genießen. Dabei ist es genau das, was er sich wünscht und was sein Gesicht zum Lächeln bringt!

Diese Woche möchte Gott dir zusprechen, dass er deine Arbeit, Bemühungen und Pläne sieht und stolz auf dich ist. Und er sagt: „Es ist okay; ich sehe, du hast Schönes vor.

Aber jetzt gib deine Pläne an mich ab und lebe deine Woche ganz bewusst! Genieße das Hier und Jetzt, während ich an der Verschönerung und Perfektion deiner Lebensplanung arbeite."

Gebet

Herr, ich danke dir, dass ich gar nicht alles wissen muss, was vor mir liegt. Es tut einfach gut, meine Pläne, Träume, Ideen und Gedanken in deine Hände zu legen. Ich weiß, du willst nur das Beste für mich und sortierst aus, was nicht gut für mich ist. Danke, dass ich eine wundervolle Woche vor mir habe, weil du meine Schritte führen wirst.

Amen.

32.

Weil du ...
zu ihm gehörst

Schäm dich also nicht, dich in aller Öffentlichkeit zu
unserem Herrn Jesus Christus zu bekennen. (...)
Gott wird dir die Kraft dazu geben.

2. TIMOTHEUS 1,8

Diese Woche möchte ich dich herausfordern! Wir leben unseren Glauben ja immer so gerne für uns und freuen uns, wenn er *uns* guttut. Doch wer weiß eigentlich von deinem Glauben? Gott möchte nicht von dir, dass du der größte Prediger auf Erden wirst, keine Angst. Aber er freut sich, wenn du in deinem Umfeld vorlebst, was es bedeutet, Christ zu sein. Und weißt du, wieso? Weil du überrascht wärst zu sehen, wie viele Menschen um dich herum richtig fertig und verzweifelt sind, obwohl sie doch so glücklich aussehen. Und du trägst eine Antwort in dir, nach der sie sich so sehr sehnen.

Ich hatte mich sehr über die Einladung nach Hamburg zum Geburtstag eines bekannten Sportlers gefreut. Doch erst im Flugzeug überlegte ich: „Wieso tust du das eigentlich? Um ein schönes Kleidchen auszuführen? Nur zum Feiern?" Und dann betete ich: „Gott, wenn das Orte sind, an denen du mich haben möchtest, dann zeige es mir." Kaum war ich durch die Tür des schönen Lokals getreten, brach die Musik ab. Der Sänger, der auf der Bühne stand, zeigte von dort aus auf mich und sagte durchs Mikro: „Und du! *Glaubst du* wirklich, was du singst?" Ich hatte diesen Mann noch nie gesehen, aber lustigerweise zwei Wochen zuvor mit ihm telefoniert. Dabei hatte er mich gebeten, ihm doch meine Musik zukommen zu lassen. Nie im Leben hätte ich gedacht, dass ich ihn kurz darauf *so* kennenlernen würde. Jedenfalls war es im Raum so still geworden, dass man eine Stecknadel hätte fallen hören können. Und ich, ich hatte keine andere Wahl, als von meinem Glauben zu sprechen. Inmitten von Menschen, die alle wichtig und reich aussahen, aber so viele Fragen mit sich trugen, so viel Leere. Und wieder einmal wurde mir bewusst, wie reich ich doch bin. Wie viel *mehr* ich doch besitze, weil ich Gott in meinem Herzen habe.

Es müssen ja nicht gleich die Promis sein, doch ich bin mir sicher, dass in deinem Umfeld ganz viele Menschen sind, die genauso nach Antworten suchen, die du in dir trägst. Egal, ob du auf der Arbeit von deinem letzten Gottesdienstbesuch erzählst oder mit jemand Wildfremden ins Gespräch kommst: Sei mutig und wage den Schritt!

Gebet

Herr, danke für diese neue Woche! Nicht immer fällt es
mir leicht, über dich zu sprechen. Verzeih mir
bitte, dass ich mich da so schwertue. Ich bitte dich,
schenk mir die passenden Momente und die richtigen
Worte in diesen Tagen. Ich bin gespannt auf das,
was kommen wird!
Amen.

33.

Weil du ... mutig sein kannst

„Ja, ich sage es noch einmal. Sei mutig und
entschlossen! Lass dich nicht einschüchtern,
und hab keine Angst! Denn ich, der Herr, dein Gott,
bin bei dir, wohin du auch gehst."
JOSUA 1,9

Ich war kurz davor, alles hinzuschmeißen! Das ganze Jahr über hatte ich mich auf meine Charity-Reise nach Afrika vorbereitet und freute mich sehr darauf. In einer Woche sollte es endlich so weit sein! Genau in diesem Augenblick erreichte mich eine E-Mail vom Auswärtigen Amt: „Aufgrund der aktuellen Lage in Burkina Faso können wir nicht für Ihre Sicherheit sorgen. Im Falle einer Entführung müssen Sie die Kosten selbst übernehmen." Sehr beruhigend, was? Ich bekam Zweifel. Dazu wurde ich noch schwer krank, mein Konto wurde aus einem unerklärlichen Grund gesperrt und so kam ich nicht an die Spenden, die ich unbedingt mitnehmen wollte. Als ich dann noch die Malariaprophylaxe zu mir nahm, musste ich mich sofort übergeben, lag vor Übelkeit alleine in meiner Wohnung und konnte mich kaum noch rühren. So folgte ein Unheil dem nächsten …

Plötzlich vibrierte mein Handy. Eine SMS der Airline blinkte auf: „Wir müssen Ihnen mitteilen, dass Ihr Flug annulliert wurde und Sie erst einen Tag später abreisen können. Als ehemalige Flugbegleiterin wusste ich sofort: Ich bekomme mein Geld komplett zurück, wenn ich jetzt absage! Ist das jetzt ein Zeichen von oben? Darf oder soll ich zu Hause bleiben? Selten war ich so hin- und hergerissen. Und dazu redeten noch sämtliche Freunde auf mich ein, bitte nicht zu fliegen, weil es dort so gefährlich sei.

Doch als mein Vater sagte: „Wo ist meine Tochter mit dem großen Gottvertrauen?", wusste ich: Gott möchte, dass ich ihm vertraue, auch wenn alles gegen mich spricht. Denn er hat die Reise geplant – nicht die Airline oder das Auswärtige Amt. So trat ich nach langem Überlegen schlussendlich die Reise an. Sie hat mein Leben komplett verändert! Hunderte von Menschen kamen jeden Abend zu den Veranstaltungen.

Sie lernten ihren Vater im Himmel kennen, viele wurden geheilt und auch ich wurde so reich beschenkt an Erfahrungen, Weisheit und noch mehr Gottvertrauen! Es war *die* Reise meines Lebens, die ich nie vergessen werde.

Im Nachhinein erinnerte ich mich daran, dass wir im Leben oft auf Hindernisse stoßen, wenn wir dabei sind, etwas Gutes zu tun. Wie oft möchten wir schnell aufgeben, wenn wir merken, dass etwas nicht reibungslos klappt? Auch wenn es manchmal unbequem ist: Es lohnt sich, dranzubleiben und sich dafür einzusetzen!

Ich möchte dich diese Woche dazu ermutigen, den Schritt aus deiner Komfortzone herauszuwagen und dich auf neue Herausforderungen einzulassen. Lass dich nicht einschüchtern, wenn die Umstände dir zurufen: „Gib auf, es ist viel einfacher, wenn du es nicht tust." Denn hinter solchen Schwierigkeiten liegen oft ganz große Geschenke für dich bereit, die du nie entdecken wirst, wenn du aufgibst.

Gebet

Jesus, wie spannend ist es doch, mit dir zu leben!
Ich bete diese Woche, dass du mich bereit machst,
Herausforderungen anzunehmen. Dass du mir die
Kraft gibst, ein klares JA zu neuen Möglichkeiten
in meinem Leben zu geben, auch wenn sie definitiv
außerhalb meiner Komfortzone liegen.

Führe und leite du mich dorthin, wo DU mich haben
möchtest, und dann will ich dorthin gehen.
Amen.

34.

Weil du ... einzigartig bist

Wer gelassen und ausgeglichen ist, lebt gesund.
Der Eifersüchtige wird von seinen Gefühlen
innerlich zerfressen.

SPRÜCHE 14,30

Kennst du das? Du siehst eine andere Person, eine andere Frau und denkst dir: „Boah, die ist so schön!" Du fängst sofort an, Vergleiche zu ziehen und merkst sehr schnell: „Da kann ich nicht mithalten." Und was passiert als Nächstes? Du wirst unsicher, verlierst dein Selbstbewusstsein, dein Lächeln und verkriechst dich in deinem Selbstmitleid. Genau wie es in dem Vers heißt: *Du wirst von deinen Gefühlen innerlich zerfressen.*

Ich hatte mich gerade für einen besonderen Abend mit verschiedenen Promis und Sternchen fertig gemacht. Mein neues Kleid sah bezaubernd aus und schon allein im Hotel erntete ich bewundernde Blicke. Einmal über den roten Teppich, die Kameras richteten ihre Linsen auf mich, jeder Fotograf schrie: „Hierherschauen, hierher!" und ich fühlte mich einfach gut! Doch keine zehn Minuten später läuft eine prominente Frau mit ihrer Freundin direkt auf mich und meine Begleitung zu. Und diese Freundin, was für eine Frau! Sie war so unglaublich schön, dass mir die Kinnlade runterfiel! Von Kopf bis Fuß war einfach alles an ihr perfekt! Mir schossen tausend Gedanken durch den Kopf, während sie immer näher kam: „Ach, wenn *ich so* aussehen würde, dann hätte ich sicher keine Sorgen!" Wahnsinn!

Die Prominente kam gleich ins Gespräch mit meinen Freunden, doch die Schönheit sah mir direkt in die Augen und nachdem sie sich vorgestellt hatte, sagte sie ganz direkt: „Ich bin so kaputt. Vor ein paar Monaten habe ich versucht, mich am Strick zu erhängen." Bitte, was? Damit hatte ich natürlich überhaupt nicht gerechnet. Sie erzählte mir aus ihrem Leben, wie schrecklich alles war, was alles schiefgelaufen war und wie ungeliebt sie sich fühlte! Sie!

Ich war so berührt von der Last, die diese zerbrochene Frau zu tragen hatte, dass ich ihr völlig unvorbereitet irgendwelche Bibelverse an den Kopf knallte, die mir gerade einfielen. Ich hatte einfach das Gefühl, das so tun zu müssen. Dann erzählte ich ihr meine Geschichte und wie Gott mich komplett aus der Essstörung befreit hatte. Denn auch sie musste unter anderem unter einer Essstörung leiden. Zum Schluss sagte ich zu ihr: „Auch dich kann er wieder komplett heilen. Weil er dich einfach unendlich liebt. Sprich mit ihm, fang an zu beten." Sie blickte mich mit Tränen in den Augen an. Mitten auf einer großen Party, umgeben von Prominenten, ein Weinglas in der linken, die Zigarette in der rechten Hand, sagte sie fassungslos: „Wenn Gott es so ernst mit mir meint, dass er mich sogar auf solch einem Anlass sucht und findet, dann muss er mich wirklich lieben! Ich werde nach Hause gehen und in der Bibel lesen."

Wir sehen die Menschen um uns nur von außen und sind oftmals sehr kritisch, wenn wir andere bewerten. Und warum? Weil wir Angst haben, nicht so gut oder nicht so schön zu sein wie sie. Dabei hat Gott jeden von uns einzigartig erschaffen und für jeden von uns einen wundervollen eigenen Plan vorbereitet. Deswegen dürfen wir *füreinander* da sein und uns freuen, wenn wir schöne, wundervolle Menschen kennenlernen und auch für sie da sein und sie ermutigen. Denn du weißt nie, welche Geschichte sich hinter einem wunderschönen Gesicht verbirgt. Überwinde deine Unsicherheit und geh diese Woche auf diejenigen zu, die dich eher einschüchtern, weil sie so perfekt zu sein scheinen. Geh hin und ermutige sie! Du wirst schnell sehen, wie du ihr Herz erreichst und wie gleich wir schlussendlich doch alle sind. Du selbst darfst deine Unsicherheiten loslassen, denn auch du bist perfekt, voller Liebe erschaffen! Du bist sein!

Gebet

Jesus, ich habe noch so viel zu lernen. Vergib mir meine unbegründete Eifersucht immer wieder. Vergib mir, dass ich an deiner Arbeit – denn ich bin dein wertvolles Kunstwerk – doch immer wieder zweifle und nur sehe, was nicht gut ist. Ich möchte mich nicht immer vergleichen, denn du hast mich so wundervoll gemacht und ich weiß, dass ich in deinen Augen perfekt bin. Hilf mir bitte stattdessen, hinter die Fassade zu blicken und Menschen so zu sehen, wie sie wirklich sind. Ich möchte ihnen helfen, wenn sie dringend deine Liebe brauchen. Danke, dass du mich in dem Bereich stärker machen möchtest. Ich bin bereit zu lernen. Amen.

35.

Weil du ...
vergeben darfst

Da fragte Petrus: „Herr, wie oft muss ich meinem
Bruder vergeben, wenn er mir Unrecht tut?
Ist siebenmal denn nicht genug?"
„Nein", antwortete Jesus. „Nicht nur siebenmal,
sondern siebzig mal siebenmal."
MATTHÄUS 18,21–22

Vergebung ist leicht, solange es darum geht, dass uns
vergeben wird. Doch wenn der Spieß umgedreht wird
und uns jemand Unrecht getan hat, dann kostet es uns oft
mehr. Wir sind verletzt und wollen nicht einfach so sagen:
„Ja, ist schon wieder ok." Wir zögern die Vergebung gerne
etwas hinaus und wollen dem anderen zeigen, dass er einen

echten Fehler gemacht hat. Doch wieso erwarten wir dann von Gott, dass er uns immer ganz schnell vergibt?

Als ich schwer an Bulimie erkrankt war und mir Tag für Tag mehrmals den Finger in den Hals steckte, war das das widerlichste Gefühl überhaupt. Ich wollte es doch eigentlich gar nicht tun und ich wusste, dass es vor Gott auch nicht richtig war! Doch diese Krankheit hielt mich in ihren Fesseln gefangen. Mir blieb nichts anderes übrig, als Tag für Tag, jedes Mal nach meinem Versagen, nachdem ich wieder gekotzt hatte, zu Gott zu schreien. Immer wieder betete ich das Gleiche: „Es tut mir so leid! Bitte verzeih mir! Ich möchte es nie wieder tun!" Und er vergab mir. Am nächsten Tag das gleiche Spiel. Und er vergab mir. Die nächsten Monate ging es genauso weiter. Und er vergab mir. Auch als alle dachten, ich sei schon lange gesund und plötzlich wieder rückfällig wurde, weil mich etwas aus der Bahn geworfen hatte, lag ich weinend am Boden und sagte: „Gott, ich wollte das doch nie wieder tun. Ich habe es dir doch versprochen ... und jetzt?" Er vergab mir. Immer wieder. Bis zu dem Tag, an dem ich völlig frei wurde. Durch seine Liebe, durch seine Geduld und Gnade. Ich weiß, dass ich ohne seine Vergebung draufgegangen wäre.

So ist Gott zu uns. So dürfen wir lernen, auch zu anderen zu sein, die uns immer wieder verletzen. Das ist nicht leicht.

Doch es ist der Wunsch Gottes, dass wir genau so leben. Und ich bin mir sicher, dass er uns die notwendige Kraft dazu schenken wird!

Gebet

Jesus, ich danke dir, dass du mir schon so oft vergeben hast! Ich möchte von dir lernen und werden wie du, auch wenn das unmöglich erscheint. Doch ich weiß, dass du mir die notwendige Kraft schenkst, immer wieder zu vergeben. Diese Woche möchte ich genau das lernen.

Amen.

36.

Weil du ... durch dein „Ja" Leben verändern kannst

Aber er hat zu mir gesagt: „Meine Gnade ist alles,
was du brauchst! Denn gerade wenn du schwach bist,
wirkt meine Kraft ganz besonders an dir." Darum will
ich vor allem auf meine Schwachheit stolz sein.
Dann nämlich erweist sich die Kraft Christi an mir.

2. KORINTHER 12,9

Nassgeschwitzt, kreidebleich, die Stirn glühend heiß
und – ach du Schreck! – die Stimme komplett heiser.
So wachte ich an einem Sonntagmorgen in meinem Hotelzimmer auf. Ich war von einem sehr jungen Mädchen in ihre

Kirche eingeladen worden, um morgens und abends eine „Music&Message"-Veranstaltung abzuhalten, bei der ich nicht nur meine Geschichte erzählen würde, sondern auch singen sollte. Zuerst wollte ich die Anfrage gar nicht annehmen, denn das Mädchen war so jung – wie wollte sie es schaffen, all das alleine zu organisieren? Doch sie machte es hervorragend und beeindruckte mich damit sehr! Und nun lag ich da und konnte kaum aufstehen. Gerade überlegte ich, wie ich absagen sollte, als ich diese leise Stimme in mir hörte: „Geh hin! Du musst weder gut klingen noch gut aussehen. Es geht hier um mich und das, was ich tun kann." Wie wahr … und doch, das ist manchmal leichter „gehört" als getan.

Wenige Zeit später stand ich also auf der Bühne und schwitzte mir sämtliche Flüssigkeiten aus dem Leib. Doch ich sah dieses wundervolle Mädchen in der ersten Reihe sitzen, wie sie jedes Wort aufsog, strahlte und zum Schluss weinte … und ich wusste, dass etwas Lebensveränderndes passiert war.

In der gleichen Woche erhielt ich einen handgeschriebenen Brief von ihr: „Wärst du an dem Tag nicht gekommen, wäre ich nicht mehr lange am Leben gewesen."

Was wäre gewesen, wenn es mir um mich, mein Aussehen, mein Wohlbefinden gegangen wäre und ich im Bett geblieben wäre? Wenn ich mich nur auf meine eigene Kraft verlassen hätte? Manchmal erscheinen uns aus menschlicher Sicht die Umstände zu schwierig, unüberwindbar, einfach nicht möglich. Doch wenn wir unseren Blick nach oben richten und durch seine Augen sehen, dann fällt dieser menschliche Druck weg und wir erkennen: „Hoppla, hier geht es gar nicht darum, was *ich* bewirken kann, denn *ich* alleine bin begrenzt. Aber *du* kannst bewirken, dass *durch mich* Leben verändert werden!" Heute ist diese mittlerweile junge Frau ein kerngesundes, vom Leben erfülltes und strahlendes Vorbild für viele andere junge Mädchen und Frauen!

Ich wünsche mir, dass du diese Woche mutig angehst und dich immer wieder fragst: „Wieso sollte ich nicht mal etwas Außergewöhnliches tun? Wieso nicht mal mutig Ja sagen, wenn ich eigentlich lieber davonrennen würde?" Und dann lass Gottes Gnade wirksam werden und sieh dabei zu, wie Wunder geschehen … durch dich!

Gebet

Gott, es ist so schön zu sehen, dass du in meiner Schwachheit stark bist. Dass ich mich vor dir nie verstellen muss, sondern mich einfach so hingeben kann, wie ich bin. Und das möchte ich jetzt tun und dich bitten, mich in dieser Woche zu gebrauchen. Lass mich Wunder erleben, indem du durch mich wirkst! Das bete ich in Jesu Namen.

Amen.

37.

Weil du ... am richtigen Platz bist

Was ihr für einen meiner geringsten Brüder
getan habt, das habt ihr für mich getan!
MATTHÄUS 25,40

Kennst du das, am völlig falschen Platz zu sein? Was ich dir jetzt erzähle, ist mir wirklich nur ein einziges Mal passiert, doch es war wirklich schrecklich für mich.

Ich war kurz davor, in einer Kirche auf die Bühne zu gehen, als der Pastor sagte: „Wenn Sie fertig sind mit Ihrem Programm, dann beten Sie bitte nicht noch zum Schluss. Sie sprechen ja eh schon genug über den Glauben. Wir wollen die Menschen hier nicht erschrecken." Wie bitte? Jetzt sind wir schon in einer Kirche und ich darf nicht einmal beten?

Darum geht es doch schlussendlich! Ich war so traurig. An dem Tag war ich alleine angereist und konnte mich somit nirgendwo ausheulen. Also verschwand ich auf der Toilette und dort flossen dann die Tränen: „Gott, was mache ich hier überhaupt?" Und Gott antwortete einfach nur: „Ich habe dich hierhergeführt." Okay … das verstand ich gar nicht.

Während ich auf der Bühne tiefe Einblicke in mein Leben gab und erzählte, wie Gott mich geheilt hatte, wurde im Saal gelacht, gefeiert und getrunken. Ich kam mir vor wie im Bierzelt. Ich beendete meinen Auftritt ohne Gebet und hatte das Gefühl, das Wichtigste nicht getan zu haben. Für mich war die Veranstaltung eine komplette Pleite. Es kam auch kaum jemand, wie ich es sonst gewohnt war, auf mich zu und ließ für sich beten. Nur eine einzige Frau. Und diese hörte nicht auf zu weinen. Es schüttelte sie am ganzen Körper und sie sagte nur: „Ich bin so essgestört, ich will endlich gesund werden! Bitte bete für mich!" Das tat ich auch.

Zwei Jahre später sang ich auf einer anderen Veranstaltung. Eine hübsche Frau bahnte sich den Weg nach vorne und strahlte mich mit dem größten Lächeln an, das ich je gesehen hatte.

„Erinnerst du dich? Du hast in dieser Kirche gesungen und danach für mich gebetet! Das war der erste Schritt meiner Heilung!"

Ich habe heute noch Gänsehaut, wenn ich an diesen

Moment denke. Auch wenn du das Gefühl hast, am völlig falschen Ort zu sein, kann Gott dich genau dort gebrauchen! Ihm ist die *eine* Person wichtig. Und wenn wir unseren Nächsten etwas Gutes tun, ist es für Gott, wie wenn wir es für ihn getan hätten.

Gebet

Jesus, ich bitte dich, mir die Augen zu öffnen für den Menschen, dem ich Gutes tun kann. Auch wenn ich nicht immer weiß, ob ich mich am richtigen Platz befinde, will ich daran glauben, dass du mich dort hingeführt hast und wieder einmal Gutes im Sinn hast. Gebrauche mich in dieser Woche!

Amen.

38.

Weil du ...
machtvolle Worte hast

Worte haben Macht:
sie können über Leben und Tod entscheiden.
Darum ist jeder für die Folgen
seiner Worte verantwortlich.
SPRÜCHE 18,21

Immer wieder erzähle ich von meiner eigenen Erfahrung, die ich als Teenager machen musste. Wie ein einziger Satz mich fast das Leben gekostet hätte. Wahrscheinlich ohne zu überlegen, sagte mein damaliger Schwarm nach dem Handballtraining zu mir: „Du spielst so gut! Ich frag mich einfach, wie man mit so viel Fett überhaupt rennen kann." Allein dieser Satz genügte, um mich in eine tiefe

Essstörung zu stürzen, die fast tödlich geendet hätte, wenn Gott nicht eingegriffen hätte!

Wie schnell sagen wir selbst Dinge über andere, die sie verletzen. Was Worte mit dir machen, hast du sicher auch schon erfahren. Schockierend war für mich, als ich nach einem Auftritt mit einem Mädchen sprach, das gerade in ein Brötchen beißen wollte, aber förmlich zurückzuckte, weil ihr einfiel, dass ihre Mutter ihr gesagt hatte, sie könne zu fett werden. Ihre Mutter zwang sie dazu, sich nach dem Essen den Finger in den Hals zu stecken! Was für schreckliche Ansichten, mit denen dieses Mädchen leben musste! Ich konnte sie davon befreien, indem ich ganz einfach Gottes Wahrheiten über sie aussprach. Dass Gott über sie sagt, dass er sie wunderbar geschaffen hat. Mehr musste ich nicht tun. Nur Worte der Wahrheit aussprechen, die Wahrheit, die sie freimacht. Die Wahrheit, die Leben schenkt.

Und du kannst das genauso. Suche in dieser Woche mal nach Menschen, die du mit einfachen Sätzen wie „Oh, du bist so wunderschön!" oder „Ich bin so froh, dass es dich gibt!" ermutigen kannst. Und du wirst sehen, dass es nicht nur den Empfänger glücklich macht – vor allem, wenn er nicht damit rechnet, sondern auch dich!

Gebet

Jesus, ich bitte dich, mich zu einer Ermutigerin zu machen. Einem Menschen, in dessen Gegenwart andere sich wohlfühlen und aufgebaut werden. Hilf mir, immer die richtigen, guten Worte zu wählen. Lege du sie in meinen Mund. Danke dafür!

Amen.

39.

Weil du ... unerwartet ein Segen sein kannst

Er sagt: „Meine Gedanken sind nicht eure Gedanken,
und meine Wege sind nicht eure Wege."

JESAJA 55,8

Wie du ja weißt, bin ich nicht gerade mit Geduld gesegnet. Ich stand mit meinem Vater vor unserer Unterkunft in Afrika an der Straße und weit und breit war unser Fahrer mit seinem Auto nirgendwo zu sehen. Dabei hatten wir klar und deutlich eine Zeit vereinbart. Da standen wir nun. Kurzfristig einen neuen Fahrer zu finden, ist eine Herausforderung. Es ist ja nicht so, dass dort Taxis vorbeifahren würden. Wir hatten ein straffes Programm vor uns und das würde nun alles zerstören. Der Besitzer der Unterkunft lächelte nur: „That's Africa. No problem." Als er das zum zwanzigsten Mal widerholte, wäre ich vor Wut fast explodiert.

Stunden später fanden wir dann Ersatz. Ein völlig abgemagerter Afrikaner in einem für europäische Verhältnisse schrottreifen Auto kam, um uns abzuholen. Nun hatten wir mehrere Stunden Fahrt vor uns. Mein Vater, der seine gute Laune nicht verloren hatte, kam locker ins Gespräch mit ihm. Ich saß etwas genervt auf der Rückbank und mir lief es kalt den Rücken runter, als der Fahrer sagte, dass dies für ihn der schönste Tag im Jahr sei. Dieser Anruf, ob er einspringen könne, um uns heute zu fahren, sei für ihn schon fast lebensrettend gewesen. Seine hochschwangere Frau und er hätten schon seit Tagen nichts mehr gegessen, weil das Geld nicht reichte. Und mit dieser Fahrt würde er seine kleine Familie die nächsten Tage erst einmal versorgen können. Mir fehlten die Worte und ich schämte mich für mein Verhalten. War es denn wirklich so schlimm, dass ich ein paar Stunden *warten* musste? Und das mit gefülltem Magen nach einem leckeren Frühstück? Ich schwieg beschämt.

So schnell denken wir an unser eigenes Wohl und wehe, es läuft mal etwas nicht so wie geplant. Wir sollten *immer* in dem Bewusstsein leben, dass *alles* seinen Grund hat. Auch wenn mal alles anders läuft, als wir uns das gedacht hatten. Gerade da sollten wir schnell schalten und erwarten, dass Gott wohl etwas Besonderes vorhat.

Also, das nächste Mal, wenn etwas schiefläuft: Nicht gleich motzen, das macht eh nur unglücklich und gibt Falten. Lieber ein Gebet losschicken:

Gebet

Herr, ich verstehe gerade nicht, was vor sich geht,
aber ich bin bereit, es zu akzeptieren und
zu sehen, was du heute vorhast.
Amen.

40.

Weil du ... es ihm wert bist

Denn Gott hat die Menschen so sehr geliebt,
dass er seinen einzigen Sohn für sie hergab. Jeder,
der an ihn glaubt, wird nicht zugrunde gehen,
sondern das ewige Leben haben.

JOHANNES 3,16

Ich schreibe dir hier ja ganz persönlich. Wir sind sozusagen unter uns.

Ich weiß, dass im Leben als Christ nicht immer alles so prickelnd ist. Mich hat als junge Frau selbst der Frust gepackt. Ich konnte es nicht mehr ertragen und fand die Christen um mich herum alle so langweilig. Ja, ich sehnte mich nach mehr Spannung!

Zum gleichen Zeitpunkt fingen meine Freunde und ich an, nach der Arbeit noch einen trinken zu gehen. Oder mehr. Ich war froh, mich endlich mal ausleben zu dürfen, denn ich liebte es, zu tanzen, zu lachen, „einen über den Durst zu trinken" und die Aufmerksamkeit der Männer zu bekommen. So stellte ich mir das Leben vor! Ich verstand das Gerede der Christen nicht, die immer sagten: „Die Menschen da draußen fühlen sich so leer." *Ich* war mehr als erfüllt!

Bis zu dem Tag, an dem meine Freundin ungewollt schwanger wurde und plötzlich alleine dastand. Eine andere, die schwer krank wurde und von all ihren „Party-Freunden" verlassen wurde. Und auch ich persönlich hatte schnell gemerkt, dass diese Beziehungen irgendwie nicht von Dauer waren und es keiner wirklich ernst meinte. Das tat sehr, sehr weh. Und jetzt? Zu wem konnte ich jetzt mit meinen Sorgen? Da war niemand …

Zum gleichen Zeitpunkt gab ich mit meinen Brüdern ein Konzert in der Schweiz. Ich konnte meinen „heiligen" Brüdern ja nicht sagen, dass ich momentan ein *absolut anderes* Leben führte und spielte das Spiel mit. Ich hörte mich auf der Bühne selbst sagen: „Egal, was du getan hast, du kannst immer zurück zu Jesus kommen. Er vergibt dir." Und während ich das sagte, hörte ich die Stimme in mir: „Nur dir wird er nicht vergeben, er hasst dich! Du hast bewusst alles falsch gemacht! Du Heuchlerin!" Oh, es war so schrecklich! Während Hunderte von Jugendlichen nach vorne gingen, um für sich beten zu lassen, rannte ich von der Bühne und fuhr nach Hause. Ich ertrug es nicht mehr auf der Bühne!

Zu Hause angekommen, fiel ich dann mitten in der Nacht auf die Knie und weinte bitterlich. Dort betete ich das erste Mal wieder aufrichtig und es fiel mir schwer, die richtigen Worte zu finden: „Jesus, ich weiß nicht, ob du überhaupt noch mit mir reden willst. Wenn es auch für mich noch Vergebung gibt, dann sprich bitte zu mir." Meine Schuld war mir so klar vor Augen, ich hatte so versagt, obwohl ich die Wahrheit kannte und ja, *ich war so leer.*

Doch Gott sprach nicht und ich fiel todunglücklich und weinend ins Bett. Doch in dieser Nacht hatte ich einen Traum. Ich sah die drei Kreuze vor mir, von denen ich selbst noch auf der Bühne gesprochen hatte. Jesus hing am mittleren Kreuz. Dann erblickte ich eine große Hand, die aufs mittlere Kreuz zeigte und ich wusste: Das war Gottes Hand. Eine laute Stimme sagte: „Déborah, auch für dich habe ich das getan. Auch für dich!"

Von göttlicher Liebe ergriffen und weinend wachte ich auf, weil ich erkannt hatte, dass es nie zu spät ist, um zurückzukehren! *Dafür* hat er seinen Sohn gegeben, damit *alle* eine neue Chance bekommen können. Auch du. Auch heute, in dieser neuen Woche!

Gebet

Jesus, zu dir darf ich wirklich kommen, so wie ich bin.
Ich brauche Vergebung, auch am heutigen Tag. Ich
will nicht vor dir wegrennen, sondern mit dir
leben! Deswegen verzeih mir meine Fehler und
schenke mir diesen Neustart heute. Danke, dass du
für meine Schuld ans Kreuz gegangen bist! Danke für
deine Liebe, die ich nicht nur heute von
dir empfange! Danke.
Amen.

P. S. Wie bin ich je auf die Idee gekommen, dass Christsein langweilig sein könnte? Viel aufregender als dieses Erlebnis könnte ich mir das Leben nicht vorstellen!

41.

*Weil du ...
eine echte Beziehung
haben kannst*

Wenn der Herr nicht das Haus baut,
dann ist alle Mühe der Bauleute umsonst.

PSALM 127,1

S tell dir vor, *du* bist das Haus. Dann wäre es völlig egal,
wie viele Talente, Begabungen, wie viel Erfolg, Geld und
Kontakte du hast – ohne Gott macht es keinen Sinn.

Es ist schwer zu glauben, doch ich hatte als junge Frau
überhaupt kein Selbstbewusstsein. Selbst als ich in Australien Musik studierte, setzte ich mich immer in die letzte Reihe, weil ich glaubte, dass ich nicht so gut sei wie die

anderen. Mich schüchterten die lauten Amerikaner ziemlich ein, die mit ihren topaktuellen MacBooks in der ersten Reihe saßen. Und ich? Ich hatte – oldschoolmäßig – einen Block und einen Stift auf dem Schoß, saß in der letzten Reihe und schwieg. Während die anderen in kürzester Zeit auf der Bühne stehen durften und in der Band mitsangen, wurde ich praktisch übersehen. Es tat mir unheimlich weh, wo Musik doch meine große Leidenschaft war.

Aber dort sprach Gott sehr klar zu mir und sagte: „Déborah, suche zuallererst den Kontakt zu mir. Sprich mit mir über deine Träume und lass uns eine Beziehung aufbauen. Ich möchte dir geben, wonach dein Herz sich sehnt."

In den allerletzten fünf Minuten meines Studiums wurde ich dann förmlich gezwungen, meinen selbst geschriebenen Song vorzutragen. Ich war so nervös, dass ich dabei die Augen schloss. Erst als das Lied zu Ende war, wagte ich es, sie zu öffnen. Und ich sah weinende Kommilitonen vor mir und unsere Professorin, die ein Taschentuch in der Hand hielt. Sie sprach die Worte aus, die wenig später wahr werden sollten: „Déborah, ich glaube, dass Gott großen Gefallen an dir hat und dir mit der Musik noch ganz viele Türen öffnen wird."

Du hast sicher viele Träume und Wünsche, und die solltest du auch haben. Sei nicht entmutigt, wenn sie sich noch nicht erfüllt haben! Fang diese Woche damit an, deine

Beziehung zu Gott zu intensivieren und ihm zu sagen, was du dir wünschst. Du wirst staunen, wie schnell er Menschen in dein Leben führen kann, die dir genau dabei helfen können. Wie Dinge sich plötzlich verändern und auch deine Träume wahr werden!

Gebet

Jesus, ich möchte ganz bewusst von dir das Haus, mein Leben, bauen lassen! Ich möchte eine tiefere Beziehung zu dir! Und ich weiß, dass dir meine Träume nicht egal sind und du sie auch wahr werden lassen möchtest! Lass uns eine ganz besondere Beziehung entwickeln! Denn ich brauche dich.
Amen.

42.

Weil du ... die Ewigkeit vor dir hast

Die ihn aber aufnahmen und an ihn glaubten,
denen gab er das Recht, Kinder Gottes zu werden.

JOHANNES 1,12

Es war definitiv einer der schwersten Tage meines Lebens. Ein Tag, den ich bis heute in Erinnerung halte und hoffentlich nie vergessen werde. Denn er hat mich sehr viel gelehrt.

Ich stand auf dem Friedhof, der übersät war mit Menschen, jung und alt. Nur wenige Tage zuvor hatte ich in einer Kirche gesungen und aus meinem Leben erzählt. Ein

155

absolut bezauberndes Mädchen saß in der ersten Reihe, das mir immer wieder ihr Lächeln schenkte. Nach dem Auftritt unterhielten wir uns und sie erzählte mir, dass sie gerade ihr Leben Jesus gegeben habe. Das berührte mich sehr. Wenn so ein junges Mädchen ihr Herz für das öffnet, was wirklich zählt. Auch wenn man meinen könnte, dass sie ja noch alle Zeit der Welt vor sich hat und sich auch noch später für den Glauben entscheiden könnte.

Diese Zeit blieb ihr dann nicht mehr. Noch in derselben Woche war sie schon in der Ewigkeit. Wer hätte das gedacht? Ein Unfall und alles ist vorbei. Und immer wieder bohrte die Frage in mir: Was wäre gewesen, wenn sie an diesem Tag nicht ‚Ja' zu Jesus gesagt hätte? Auf Wunsch des Vaters sang ich und erzählte meine Geschichte auf der Beerdigung. Er wollte den Mitschülern seiner Tochter damit die gleiche Chance geben, wie sie sie bekommen hatte. Was für eine außergewöhnliche und lebensverändernde Beerdigung! Die Schüler versammelten sich um das offene Grab und wollten, dass man für sie betet.

Eines der Mädchen sagte zu mir: „Ach, Déborah! Letztes Jahr sah ich dich neben Tokio Hotel und habe dich um ein Autogramm gebeten. Heute werde ich das zerreißen. Du hast mir heute etwas viel Wertvolleres mitgegeben! Du hast mir Jesus geschenkt!"

Mir liefen Tränen der Rührung über die Wange. Was für

eine Stärke in all dem Schmerz. Was für ein Gottvertrauen dieses Vaters. Dadurch konnte der Tod seiner Tochter zur Rettung von vielen anderen werden.

Diese Aussage hat mich in meinem Glauben wachgerüttelt. Ich will nicht darauf warten, dass Katastrophen eintreten, bis ich sehe, was für ein wertvolles Geschenk ich mit meinem Glauben habe: Die Zuversicht und die Gewissheit, dass auch ich ein Kind Gottes bin und somit eines Tages bei ihm in der Ewigkeit sein werde!

Gebet

Jesus, nicht immer verstehen wir alles, was hier auf Erden geschieht. Und manches lässt uns einfach nur weinen. Ich danke dir, dass ich ein Kind Gottes sein darf und somit Frieden im Herzen tragen darf, weil ich weiß: Eines Tages werde ich bei dir in der Ewigkeit sein.

Amen.

43.

Weil du ...
ihn lieben darfst

Jesus antwortete ihm: „Du sollst den Herrn,
deinen Gott, lieben von ganzem Herzen, mit ganzer
Hingabe und mit deinem ganzen Verstand!"
MATTHÄUS 22,37

Genau diese Antwort gab Jesus den Pharisäern, als sie ihn fragten, *welches* denn das wichtigste Gebot sei. Wie schnell denken wir: „Diese Gesetze sind doch völlig veraltet und haben mit unserem Leben heute nicht mehr viel zu tun." Aber wenn man mal genauer hinschaut, erkennt man, dass das nicht so stimmt. Im ersten Gebot zum Beispiel heißt es, dass wir uns keine Götzenbilder schaffen sollen. Hast du dir mal darüber Gedanken gemacht, was in deinem Leben ein Götzenbild sein könnte? Da wird das Gebot plötzlich ganz aktuell. Nämlich alles, was dir wichtiger ist als Gott!

Es kann sogar dein Ehemann oder Freund sein, für den du versuchst, die beste Partnerin auf Erden zu werden. Es kann eine Freundschaft sein, die dich so einnimmt, dass Gott gar keine Aufmerksamkeit von dir bekommt. Vielleicht ist es dein konstantes Nachdenken über deine Ernährung. Ständige Versuche einer neuen Diät oder einer neuen Form des Essverhaltens. Es kann der Drang nach Erfolg sein. Oder sogar deine Shopping-Attacken, die dich ständig überfallen. Du willst und musst immer das Neuste haben. Gott will das nicht, weil er weiß, dass es nicht gut für dich ist und dich kaputtmacht.

Ich erinnere mich sehr klar an die Zeit, in der ich besessen war vom Training. Obwohl ich als Flugbegleiterin arbeitete, schaffte ich es, frühmorgens ins Fitnessstudio zu gehen. Von dort aus fuhr ich direkt an den Flughafen, flog meine eingeteilten Strecken und „landete" abends wieder im Fitnessstudio. Versteh mich nicht falsch: Sport ist etwas Wundervolles und Wichtiges. Doch die Art und Weise, *wie* ich das Ganze anging, war nicht mehr gesund. Und wo in dem ganzen Stress war bitte noch Platz für Gott? Wo war meine Liebe für ihn? Meine Hingabe gehörte dem Sport und raubte somit meine ganze Zeit und Kraft.

Wie willst du diese Woche deine Prioritäten setzen? Was ich lernen durfte, ist, dass mir nichts davonläuft, wenn Gott bei mir an erster Stelle steht. Du darfst den lieben, der alles geschaffen hat. Und er liebt dich zurück. Stell dir das mal vor! Würdest du ihn sehen können, würdest du alles daransetzen, ihm das zu zeigen. Lebe diese Woche so, als könntest du ihn sehen. Lass dich darauf ein, es lohnt sich!

Gebet

Jesus, ich möchte dich lieben von ganzem Herzen, mit ganzer Hingabe und meinem ganzen Verstand! Hilf mir bitte, das genau so tun zu können. Mein Wunsch ist es, dass du Freude an mir hast. Werde du zum Zentrum meines Lebens. Werde du der erste Gedanke, den ich habe, wenn ich morgens aufwache.

Ich liebe dich.

Amen.

44.

Weil du ...
von ihm bearbeitet wirst

Denn vor Gott sind alle Menschen gleich.
RÖMER 2,11

Kennst du das auch? Du bist gerade an einem atembe-
raubenden Platz angekommen und dein erster Gedanke ist: „Ich muss sofort ein Foto schießen und auf Facebook (oder Instagram) hochladen!", bevor du überhaupt
den Moment genossen hast und die wunderschöne Natur
erst einmal für dich im Kopf festgehalten hast. Und dann
schaust du auf dein Smartphone und überlegst, welches
Foto denn jetzt das beste geworden ist, bevor du dieses dann
durch sämtliche Apps ziehst, um deine kleinen Makel verschwinden zu lassen und die Umgebung noch mehr zum

Strahlen zu bringen. Und wehe, wir haben das Ladekabel vergessen!

Wie oft habe ich mich selbst dabei erwischt! Natürlich leben wir in einer Zeit, in der die sozialen Netzwerke eine große Rolle spielen. Davon kann ich als Künstlerin ein Lied singen. Doch es darf nicht so weit kommen, dass es unser Leben beherrscht und wir die schönen Momente versäumen, weil wir nur noch auf unsere Smartphones starren und unsere Umwelt keines Blickes mehr würdigen.

Gott möchte, dass wir in diesen Momenten durchatmen. Tief einatmen und den Augenblick genießen. Dass wir seine Schöpfung bewundern und nicht unsere im Vergleich wirklich unkreative Erschaffung eines überarbeiteten Bildes. Wo wir doch das *echte* vor uns haben.

Und das *echte*, das bist in seinen Augen du. Unbearbeitet und noch voller Fehler und Makel. Und das ist gut so. Ich bin immer wieder überrascht, wenn ich mal ein Bild poste, das mich im völlig natürlichen, ungeschminkten und eher müden Zustand zeigt. Wie herzlich die Kommentare dann sind. Ja, die Welt sehnt sich nach Echtheit. Und Gott liebt dein wahres Ich. Damit will ich dir jetzt nicht sagen, dass es nicht gut ist, Bilder zu bearbeiten. Ich weiß, dass das Spaß macht. Doch vergiss in dem Ganzen nicht, dass du damit niemandem etwas beweisen musst. Vor Gott sind wir alle gleich. Und es ist so schön, dass wir uns für ihn weder verstellen noch „photoshoppen" oder sonst irgendwie bearbeiten müssen. Denn er sieht in uns die Person, die wir wirklich sind. Und ich wünsche mir, dass er sich selbst in uns sieht, wenn er unser ungeschminktes Ich, innerlich und äußerlich, anschaut. Ein Mensch, der liebt. Ein Mensch, der weiß, dass er von Gott geliebt wird. Das sollte unser Ziel sein!

Gebet

Jesus, dass wir alle gleich vor dir sind, ist ein wirklich beruhigender Gedanke! Weder mein Aussehen noch meine Leistungen bestimmen darüber, wie sehr du mich liebst. Dort, wo ich „bearbeitet" werden muss, da lege allein du Hand an und forme mich zu einem Menschen, der dir gefällt. Danke!
Amen.

45.

Weil du ... einen Umweg genießen darfst

Das eine aber wissen wir: Wer Gott liebt,
dem dient alles, was geschieht, zum Guten.
RÖMER 8,28

Stress und Hektik hatten meinen Tag bestimmt und dann war ich noch zu spät losgefahren, um schlussendlich im Stau zu landen. Die vielen Reisen und das ständige Kofferpacken hatten mich mürbe gemacht, und diese Situation warf mich völlig aus der Bahn. Obwohl ich mich eigentlich hätte freuen können, am nächsten Tag in den Urlaub fliegen zu dürfen, steckte ich nun zwischen gefühlt Tausenden von Autos fest und kam nicht voran. Mein ursprünglicher Plan war, am Vorabend des Fluges schon am Flughafen zu übernachten, damit ich nicht mitten in der Nacht losfahren musste. Dann hatte ich mich aber doch umentschieden. Und jetzt das.

Ich war genervt und ließ mich von meinen Gedanken runterziehen: „Na, super! Das Hotel hätte ich mir sparen können. Die Zeit ist eh futsch." Ich ärgerte mich unglaublich. Doch dann fiel mir ein, dass es ja noch einen Schleichweg zum Flughafen gab. Allerdings war ich mir nicht mehr ganz sicher, wo es langging. Trotzdem, ein Versuch war es wert. So bog ich ab und fuhr die Feldwege entlang. Hier bot sich mir ein unglaublich schönes Bild der Natur, die diesen Abend zu genießen schien. Die Wege waren komplett leer, keine Menschenseele war weit und breit zu sehen. Ich kam aus dem Staunen nicht heraus. Was war das doch für ein schönes Bild in der Abendsonne, das sich mir da bot! Ich beschloss anzuhalten und ein wenig durch die Felder zu laufen. Tat das gut! Und wie schnell hatte ich meinen Stress und Ärger vergessen! Hier fand ich plötzlich Zeit für mich. Zeit zum Durchatmen. Und das in einer Stille, wie ich sie am Flughafen sicher nicht gefunden hätte.

Manchmal erlaubt Gott Umwege in unserem Leben. Zumindest sehen sie für uns so aus. Doch er möchte uns nur aus unserem gewohnten Trott herausholen und uns

Besseres schenken. Zeit. Entspannung. Ruhe. Das Ärgern hätte ich mir locker sparen können. Denn dieser Weg ließ mich so pünktlich, wie ich es geplant hatte, am Flughafen ankommen. Und das völlig entspannt!

Vertraue diese Woche darauf, dass das, was für dich wie ein Umweg erscheint, auch ein verborgenes Geschenk sein könnte. Werde nicht nervös, wenn Gott deine Pläne durchkreuzt. Denn es dient zu deinem Besten, wenn du dich an ihn hängst!

Gebet

Jesus, ich möchte dich diese Woche bitten, frei meine Pläne zu durchkreuzen, wenn ich zu sehr an meinen eigenen festhalte und gar nicht sehe, dass du für mich Wege vorbereitet hast, die besser sind und mir guttun!

Ich lege somit alle meine Pläne in deine Hände und vertraue sie dir an!

Amen.

46.

Weil du ...
ein Friedensträger bist

Wendet euch ab von allem Bösen und tut Gutes!
Setzt euch unermüdlich und mit ganzer Kraft
für den Frieden ein!
PSALM 34,15

Es sollte eine wunderschöne Hochzeit werden. Mein Vater war gebeten worden, die Traupredigt zu halten, mein ältester Bruder die Technik zu machen und ich sollte mit meinem jüngsten Bruder singen. Im Vorhinein war so einiges schiefgelaufen und selbst die Hochzeitsvorbereitungen liefen nicht unbedingt harmonisch ab. Ich war verletzt, weil man meine Bedürfnisse einfach ignorierte und es für selbstverständlich hielt, dass ich singen würde. Wären es nicht sehr enge Bekannte der Familie gewesen, hätte ich alles abgeblasen und sagte das meiner Familie auch so. Doch noch während ich das aussprach, wusste ich, dass es mehr mit meinem verletzten Stolz zu tun hatte als mit etwas anderem. Und ich wollte Frieden. Frieden mit den Menschen, die Gott nicht kannten.

Die Sonne strahlte an diesem wunderschönen Tag und die kirchliche Trauung wurde zu einem großen Fest. Bei „Oh happy day" tanzten die Besucher auf den Kirchenbänken. Selbst ein Verwandter, der sich von uns als Familie distanziert hatte, nahm mich berührt und mit Tränen in den Augen in die Arme, nachdem ich von der Bühne kam. Allein für diesen Moment hatte es sich schon gelohnt. Nicht nur er war berührt worden. Den ganzen Tag über bedankten sich die Menschen für die unvergessliche Trauung.

Doch was ich zwei Wochen später erfuhr, ließ mich den Tag noch einmal mit anderen Augen sehen. Die Patin der Braut verstarb nur einen Tag nach der Hochzeit. Vielleicht war es das erste Mal gewesen, dass sie von einem lebendigen Gott gehört hatte. Hatte sie überhaupt noch die Chance gehabt, sich für ein Leben mit ihm zu entscheiden? Ich werde es nie erfahren. Aber ich weiß, dass ich Gott gehorsam sein wollte und mich an diesem Tag für den Frieden eingesetzt habe. Und genau das ist es, was Gott von uns will. Dass wir in Frieden leben, damit durch unser Leben andere von ihm erfahren! Denn vielleicht ist es für sie die letzte Gelegenheit.

Wir wissen nie, was morgen kommt. Vielleicht ist die Person, mit der du heute ein Problem hast, morgen nicht mehr auf dieser Erde. Gib dir diese Woche einen Ruck und suche den Frieden. Mit jedem. Und tue Gutes. Denn dazu sind wir berufen.

Gebet

Jesus, du siehst, wie schnell ich falsch reagiere.
So schnell bin ich verletzt, fühle mich persönlich
angegriffen. Doch ich weiß, dass das nur passiert,
wenn ich meinen Blick nicht auf dich gerichtet halte.
Hilf mir, meine Nächsten so sehr zu lieben wie
mich selbst. Ich möchte den Frieden suchen.
Auch mit den Menschen, bei denen es mir schwerfällt.
Bitte schenke du mir die notwendige Kraft und
die richtigen Worte dazu.
Amen.

47.

Weil du ... vor Gott nicht davonrennen kannst

Ob ich sitze oder stehe – du weißt es, aus der Ferne
erkennst du, was ich denke. Ob ich gehe oder liege –
du siehst mich, mein ganzes Leben ist dir vertraut.

PSALM 139,2–3

Es war eine Weihnachtszeit wie keine andere. Ein paar
Tage vor Heiligabend hatte ich mein Leben an die
Wand gefahren. So zumindest fühlte ich mich. Ich hatte
Entscheidungen getroffen, die nicht unbedingt schlau ge-
wesen waren. Selbst meine Familie verstand mich nicht
mehr und ich sie ebenso wenig. Nach Weihnachten war mir

überhaupt nicht mehr zumute. Ich ertrug das harmonische Getue einfach nicht mehr.

Und Gott sah meine Not. Klar, er sah auch meine Fehler, doch wie ein toller Vater eben ist, fing er mich mit ganz viel Liebe auf. Im Hotel angekommen, bekam ich erst einmal völlig unerwartet ein Upgrade in ein wunderschönes Zimmer plus Zugang in die Lounge, wo es jeden Abend Essen und Getränke gratis gab. Für mich der erste Wink von oben, der mir sagte: „Hallo, ich bin noch da. Und ich sehe dich!"

Heiligabend war dann sehr hart für mich. Überall sah ich Familien oder Pärchen, die sich umarmten. Perfekte Idylle – und ich? Ich war ganz alleine. Ich vermisste meine Familie.

So entschloss ich mich, online nach einem Gottesdienst zu suchen. In Dubai nicht gerade einfach, doch ich fand schlussendlich einen, in einem anderen Hotel. Ich war schon spät dran, als ich dort ankam und die Rezeptionistin fragte, wo denn der Gottesdienst stattfinden würde. Sie lachte laut los: „Kirche? Hier im Hotel?" Und wieder wollte die Traurigkeit in mir aufsteigen, als ein großes Tor im Hotel aufging und ich Tausende(!) von Menschen dahinter singen sah. Wie hatte sie das übersehen können? Egal, ich nahm in einer der hinteren Reihen Platz und fühlte mich sofort pudelwohl. Die Menschen um mich herum lächelten mich an und sangen fröhlich, laut und schief mit. Und ich genoss es.

Dann kam der Knüller, die Predigt! Sie hatte so gar nichts mit Weihnachten zu tun, sondern handelte ganz und gar von meinem aktuellen Problem. Der Pastor hörte nicht auf zu sagen: „Egal, wie einsam und verlassen du dich heute fühlst, Gott sieht dich! Und er hat immer einen Ausweg für dich, auch wenn du nicht mehr weiterweißt. Du kannst in Frieden nach Hause gehen – er geht mit dir." Es traf mich wie ein Schlag! Ich konnte nicht verstehen, wie der Pastor *so* eine Predigt an Heiligabend halten konnte. Doch ich wusste, das war für mich! Gott hatte mich gefunden, als ich versucht hatte, davonzurennen.

Und Gott sieht dich! Egal, wo du dich gerade befindest. Egal, ob du räumlich oder emotional weit weg bist. Dort holt er dich jetzt ab und sagt: „Ich bin bei dir. Und ich gehe mit dir. Fürchte dich nicht."

Gebet

Vater, ich danke dir dafür, dass deine Augen ALLES sehen. Ich bin so froh, dass ich nicht vor dir fliehen kann, denn ich brauche dich. Bitte führe du mich, damit ich in dieser Woche nicht auf den falschen Weg gerate.
Amen.

48.

Weil du ... die richtigen Worte hast

„Fürchte dich nicht vor ihnen, ich bin bei dir und
werde dich beschützen. (...) Ich lege dir meine Worte
in den Mund und gebe dir Vollmacht (...)."

JEREMIA 1,8–10

Ich bin meistens ziemlich nervös, wenn ich für einen
Vortrag über Essstörungen in Schulen eingeladen werde.
Dort passieren immer ganz unerwartete Dinge: Schüler, die
zusammenbrechen; Fragen, mit denen ich nicht gerechnet
habe. Dazu kommt, dass manche Schüler mir ganz schön
Angst machen! Weil sie mich von oben bis unten mustern

und mir erst einmal Blicke zuwerfen, die sich anfühlen, als würden sie sagen: „Was glaubt *die* denn, wer sie ist?", bis ich überhaupt ihre Herzen gewinnen kann. Und trotz allem gehe ich unglaublich gern hin, weil ich weiß, dass ich dort mit meiner Geschichte über Essstörungen am genau richtigen Ort bin.

In dieser Schule, von der ich dir erzähle, bekam ich fünf Minuten vor Beginn noch die Auflage, doch bitte kein Wort über meinen Glauben zu verlieren. *Na super!* Wie kann ich erzählen, dass ich gesund geworden bin, wenn ich keine Therapie gemacht habe und tatsächlich durch Gebet geheilt wurde? Ich war innerlich ziemlich verzweifelt. Also betete ich in aller Schnelle: „Herr, schenk mir dennoch die richtigen Worte. Ich habe keine Ahnung, was ich sagen soll. Es macht mir Angst!"

Ich erzählte also meine Geschichte und übersprang den wichtigsten Teil dabei. Zum Schluss gab es noch eine Fragerunde. Die erste Hand ging nach oben: „Ich habe im Internet ein Interview gesehen, in dem Sie gesagt haben, dass das Gebet Sie geheilt hat. Beten Sie heute noch?" *Das* war mein Freischein! Ich *musste* darauf antworten und hatte jetzt die Möglichkeit, offen und mit einem guten Gewissen von der Wahrheit zu erzählen, die mich freigemacht hat!

Hab keine Angst, wenn du in brenzlige Situationen kommst. Wenn Menschen dich in die Ecke drängen und du das Gefühl hast, nicht weiterzuwissen. Hab keine Angst, wenn Menschen vor dir stehen, die „wichtiger", „besser" oder „erfahrener" sprechen als du. Du bist ein Kind Gottes und wenn er sprechen will und das durch dich tun will, dann werden alle anderen verstummen. Weil er Gott ist! Weil *er* das kann! Und er kann und wird dir im richtigen Moment die Möglichkeiten und die passenden Worte dazu schenken!

Gebet

Jesus, ich möchte keine Angst haben vor Menschen, oder vor dem, was ich sagen soll. Ich bitte dich einfach, dass du immer durch mich sprichst und ich durch meine Liebe zu den Mitmenschen zeigen kann, dass ich ein Kind Gottes bin. Danke für eine neue Woche mit dir. Amen.

49.

Weil du ...
jeden Tag nutzen sollst

Genieße jeden flüchtigen Tag,
denn das ist der einzige Lohn für deine Mühen.
Alles, was du tun kannst,
wozu deine Kraft ausreicht, das tu!

PREDIGER 9,9–10

Wehe, ich wiege morgen wieder mehr. Dann verlasse ich ab da nicht mehr das Haus." So steht es in meinem Tagebuch aus der Zeit, in der ich schwer unter meinem Aussehen zu leiden hatte. Und es war kein Witz. Es war mein purer Ernst. Ein trauriges Bild, das sich da einem bietet, wenn man darüber nachdenkt. Viele Tage meines Lebens habe ich versteckt in meinem Zimmer verbracht. Weil ich mich nicht vor die Tür traute und dachte, dass jeder es sofort sehen würde: „Sie hat schon wieder zugenommen."

Ich kenne so viele, die vor sich hin leben, unzufrieden sind und immer auf der Suche nach dem, was *anders* sein würde. Was ihr Leben schlagartig verändert. Viele warten auf den *einen* Tag, an dem sie endlich aufwachen und ihr Wunschgewicht haben – und glaub mir, das kenne ich auch. Oder der Moment, in dem ihr Körper einfach so aussieht, wie sie es sich gewünscht haben. Der Tag, an dem ihr Ärger einfach so verflogen ist, und die Familie nicht mehr im Streit, sondern im Frieden lebt. Vielleicht warten sie auch einfach nur darauf, dass es endlich keine Rechnungen mehr zu zahlen gibt und die Kollegen auf der Arbeit endlich freundlicher mit ihnen umgehen.

Ja, all das ist das Leben! Es gehört dazu und Gott hat uns auch nie versprochen, dass unser Leben hier auf Erden reines Zuckerschlecken wird. Doch er hat versprochen, *immer* bei uns zu sein! Und gerade deswegen wäre es doch schade, wenn du nicht jeden Tag, so wie er kommt, als Geschenk sehen würdest. Triff die Entscheidung – denn das ist der Schlüssel –, aufzustehen, auch wenn du dich mies fühlst, und etwas aus dem Tag zu machen! Ihn zu *genießen*! Denn egal, ob die Zahl auf der Waage gerade stimmt oder nicht: Du bist immer noch du, ein Wunderwerk Gottes, das er so wollte! Du bist kein Fehler, kein Zufall. Und deine Rechnungen sieht er auch und wird dir dabei helfen, wenn du mit ihm darüber redest. Lade heute bewusst alles bei ihm ab, was dir Sorgen macht, schau in den Spiegel und sag zu dir: „Das wird eine wundervolle Woche! Ich bin so beschenkt!"

Gebet

Jesus, es fällt mir manchmal so schwer, etwas aus meinem Tag, meinem Leben zu machen. So vieles ist nicht so, wie ich es mir wünschen würde und ich bin so unzufrieden. Verzeih mir das bitte und hilf mir, aufzustehen, Dinge anzupacken und zu ändern. Denn ich möchte jeden von dir geschenkten Tag nutzen und genießen. Ich will leben, so wie du es für mich schon immer wolltest. Danke für deine Hilfe!
Amen.

50.

Weil du ...
immer geben kannst

Denn Gott liebt den, der fröhlich gibt.
Er wird euch dafür alles schenken, was ihr braucht,
ja mehr als das. So werdet ihr nicht nur selbst
genug haben, sondern auch noch anderen
von eurem Überfluss weitergeben können.

2. KORINTHER 9,7–8

Gerade um die Weihnachtszeit herum werden die Menschen großzügiger und unterstützen gerne Charity-Projekte. Ich liebe die Stimmung, die dann herrscht: „Love is in the air!" Doch wie sieht es eigentlich aus, wenn Weihnachten vorbei ist und keiner mitbekommt, ob wir großzügig sind oder nicht? Gott liebt es zu sehen, wenn wir das, was wir von ihm bekommen, verteilen und dabei zusehen, wie es im Leben von anderen „mehr" wird. Wir haben immer Angst, dass wir etwas „verlieren", dabei möchte Gott nur sehen, ob wir bereit sind, ihm zu vertrauen. Ich möchte dir das anhand einer Erfahrung aus meinem Leben verdeutlichen:

Als ich in Australien studiert habe, sind wir mittwochs auf die Straße gegangen und haben uns um Bedürftige gekümmert. Eine Dame schloss ich besonders ins Herz. Ehrlich gesagt sah sie furchtbar aus, völlig vernachlässigt und unendlich traurig. Als ich dann ihre Wohnung betrat, traf mich fast der Schlag: Absolutes Chaos, wie ich es noch nie erlebt hatte! Geschirr, so weit das Auge reichte – dreckig und mit Schimmel bedeckt. Die Wohnung war von oben bis unten zugemüllt, sodass man kaum durchlaufen konnte. Und die Krönung: Als ich den Schrank öffnete, sprang mir eine Maus entgegen!

Ich selbst hatte zu dem Zeitpunkt als Studentin so wenig Geld, dass ich in jeder freien Minute arbeiten musste, um überhaupt über die Runden zu kommen. Dennoch hatte ich es auf dem Herzen, dieser Frau ein Ticket für die bevorstehende Frauenkonferenz in der Kirche zu kaufen. Und ich schaffte es auch. Sie wäre fast umgekippt vor Freude, als ich ihr das Ticket reichte, und meinte: „Das hat noch nie jemand für mich getan!" Ungläubig und voller Dankbarkeit schaute sie mich an. Schon allein für diesen Moment hatte sich meine Mühe gelohnt. Doch es kam noch besser!

Zehn Jahre später flog ich zurück nach Australien. Ich saß im Café vor der Kirche, als ich eine wunderschöne Frau in einem langen Sommerkleid, perfektem Make-up und einem großen Strahlen im Gesicht sah – es war die einst so verwahrloste Frau aus der Chaosbude!

Was für eine Veränderung! Doch nicht nur die Frau hatte sich verändert, auch mich hat Gott seither tausendfach zurückbeschenkt in meinem Leben.

Lass uns großzügig mit dem umgehen, was Gott uns in die Hände gibt und dabei zusehen, wie er Wundervolles daraus macht!

Gebet

Vater, ich möchte lernen, weise mit dem umzugehen,
was du mir in die Hände gelegt hast. Hilf mir,
großzügig zu sein und keine Angst zu haben, selbst
dabei zu kurz zu kommen. Ich möchte dir vertrauen
und dabei zusehen, wie du mein Leben managst.
Amen.

51.

Weil du ... noch viel Schönes vor dir hast

Rufe zu mir, dann will ich dir antworten und
dir große und geheimnisvolle Dinge zeigen,
von denen du nichts weißt!

JEREMIA 33,3

In meinem Kinderzimmer hing ein großes Poster von Hillsong, der großen Kirche in Australien, die man damals nur für ihre Musik kannte. Darauf war die blonde Hauptsängerin zu sehen, wie sie vor Tausenden von Menschen sang. Und auf dem Poster standen groß die Worte: „Influence and impact the world!" Für mich hat das immer so viel bedeutet wie „Verändere und beeinflusse die Welt mit Gutem!" Ich liebte dieses Poster und wünschte mir schon als Kind, diese Sängerin zu sein. Keiner wusste, was das Leben für mich bereithalten würde. Doch fast jedes Mal, wenn mein Vater mein Kinderzimmer betrat, zeigte er auf dieses Bild und sagte: „Das bist du, meine Tochter. Das wirst du mal tun." Es machte mich jedes Mal völlig verlegen, dass mein Vater so sehr an mich glaubte, sodass ich nur beschämt lächeln konnte.

Doch seine Worte gingen mir nie aus dem Kopf – auch Jahre später nicht, als ich dann tatsächlich bei Hillsong studierte und diese Sängerin traf. Zu wissen, dass mein Vater so sehr an mich glaubt, dass er mir so etwas zutraut, hat mir den Glauben gegeben, dass es wirklich möglich ist. Dass Gott auch jemand gebrauchen kann, bei dem man „noch" keine besonderen Talente sieht und der „noch" unscheinbar wirkt.

Vielleicht fühlst du dich genauso. Unscheinbar. Und denkst dir: „Was kann ich schon Besonderes?" Dann mach es so, wie es in der Bibel steht: Rufe ganz laut zu Gott und lass dir wundervolle und geheimnisvolle Dinge über dich verraten! Denn auch wenn du das Gefühl hast, dass niemand an dich glaubt, so wie es mein Vater tat, hast du immer noch deinen himmlischen Vater, dessen Meinung mehr wert ist als jede andere. Und er feuert dich an und denkt sich: „Geh, mach das, mein Kind! Ich glaube an dich! Steh auf und lebe deine Träume! Ich möchte dir ganz viele Türen öffnen und dich ermutigen, deine Pläne zu verwirklichen! Du kannst alles erreichen, was du dir vornimmst! Go! Go! Go!"

Gebet

Vater im Himmel, danke, dass du so stark an mich glaubst! Selbst in den Bereichen, wo ich noch so viele Schwächen habe, da ermutigst du mich, nicht aufzugeben. Ich will mir fest vor Augen halten, dass ich an meine Träume glauben darf, weil du es auch tust. Du glaubst an meine Fähigkeiten. Ich bin ermutigt und habe Lust, dieses neue Jahr mit Freuden anzugehen – weil ich weiß, dass du mir Gelingen schenken wirst!

Amen.

52.

Weil du ... auf sein „Ja" nicht warten musst

Glücklich, wer zum Hochzeitsfest
des Lammes eingeladen ist.
OFFENBARUNG 19,9

Ich weiß nicht, ob es dir geht wie mir, aber ich liebe Hochzeiten! Sehr oft werde ich auch als Sängerin zu diesem besonderen Anlass gebucht. Ganz egal, ob ich die Menschen kenne, die sich das Jawort geben, oder nicht – dieser Moment, in dem sich die Kirchentür öffnet und die Braut in ihrem wunderschönen Kleid und diesem strahlenden Gesicht die Kirche betritt, ist immer unglaublich überwältigend, bewegend und berührend. Es herrscht so viel Freude, dass man es kaum aushält. Die Gäste weinen vor Rührung, die Braut explodiert fast vor Aufregung und der Bräutigam ... ja, der Bräutigam: Schließe kurz die Augen und stell ihn dir vor. Wie er da steht, so selbstbewusst und dennoch total nervös. Wunderschön gekleidet, einfach perfekt in jeder Hinsicht und alles, wonach er sich sehnt, ist, endlich die Hand seiner Braut zu ergreifen und den Rest seines Lebens mit ihr zu verbringen.

Ich habe ja schon alle möglichen Hochzeiten erlebt. Einen betrunkenen Pfarrer, der zweimal hintereinander den gleichen Psalm vorlas und ganz vergessen hatte, dass das Brautpaar mich extra gebucht hatte, um zu singen. Und als er meinen dritten Song dann einfach „übersah", meldete sich die wütende Braut und fuhr ihn an: „Wir haben eine Sängerin gebucht!" Netterweise ließ er mich dann doch singen, aber stoppte mich schon nach zwei Versen mit den Worten: „Danke, das war schön, aber es reicht jetzt." Im Nachhinein eigentlich witzig, doch in dem Moment das Schlimmste, was man sich vorstellen kann.

Und doch ist es so: Während wir hier auf Erden leben, werden noch tausend kleine Fehler und Pannen geschehen und das ist auch okay so. Wir müssen nicht alles im Griff haben und wir sind alle nur Menschen. Doch du darfst ein Ziel vor Augen haben, auch wenn es vielleicht schwer vorzustellen ist: Die Ewigkeit. Der Tag, an dem du *ihn* kennenlernen wirst.

Auf einer der letzten Hochzeiten, auf der ich gewesen bin, lief die wunderschöne Braut gerade auf ihren vor Liebe explodierenden Bräutigam zu. In diesem Moment wandte sich der Pastor zu mir. Wir saßen auf der Bühne und konnten alles ganz genau beobachten. Mit strahlenden Augen sagte er: „Déborah, genau so wird es sein. Jesus, der Bräutigam, wird uns so in Empfang nehmen. Er ist so verliebt in uns und kann es kaum erwarten, uns endlich bei sich zu haben." Eine Welle der Liebe durchflutete mich. Ja, so stelle ich mir Jesus auch vor. Und jede Einzelne von uns ist seine geliebte Braut – du bist es!

Was für eine Vorstellung: Da gibt es jemanden, der so verliebt in dich ist und es kaum erwarten kann, *dich* in Empfang zu nehmen!

Gebet

Jesus, ich freue mich so riesig auf den Tag, an dem ich
dir in die Augen schauen darf. Danke, dass du auch
hier schon auf Erden meine Hand hältst und ganz
geduldig auf mich wartest, während hier noch einige
Aufgaben auf mich warten. Hilf mir, dir immer
treu zu sein. Ich liebe dich.
Amen.

Die Bibelstellen wurden, sofern nicht anders angegeben, der *Hoffnung für alle – Die Bibel, durchgesehene Ausgabe in neuer Rechtschreibung,* © 1986, 1996, 2002 by International Bible Society, USA. *Übersetzt und herausgegeben durch: Brunnen Verlag Basel, Schweiz (Hfa)* entnommen.

Weiterhin wurden folgende Bibelübersetzungen verwendet:
– Lutherbibel, revidierter Text 1984, durchgesehene Ausgabe in neuer Rechtschreibung, © 1999 Deutsche Bibelgesellschaft, Stuttgart (LÜ 84)
– Einheitsübersetzung der Heiligen Schrift, © 1980 Katholische Bibelanstalt, Stuttgart. *Durchgesehene Ausgabe in neuer Rechtschreibung,* © 1999 Verlag Katholisches Bibelwerk GmbH, Stuttgart (EÜ)

Fotos © shutterstock: S. 19, 58, 65, 96, 115, 143, 154, 161, 177, 187
Fotos © Déborah Rosenkranz: S. 26, 72, 103, 122
Fotos © Peter Sturn Fotografie: S. 89

© 2017 Gerth Medien GmbH,
Dillerberg 1, 35614 Asslar
1. Auflage 2017
Best.-Nr. 817215
ISBN 978-3-95734-215-7

Umschlaggestaltung: Hanni Plato
Umschlagmotiv: shutterstock
Lektorat: Sarah Kleinknecht
Satz: Greiner & Reichel, Köln
Druck und Verarbeitung: GGP Media GmbH, Pößneck
Printed in Germany

www.gerth.de